Espíritu de Navidad

Un Hermoso Libro de Colorear para Adultos

Antiestrés

Kh. EL.

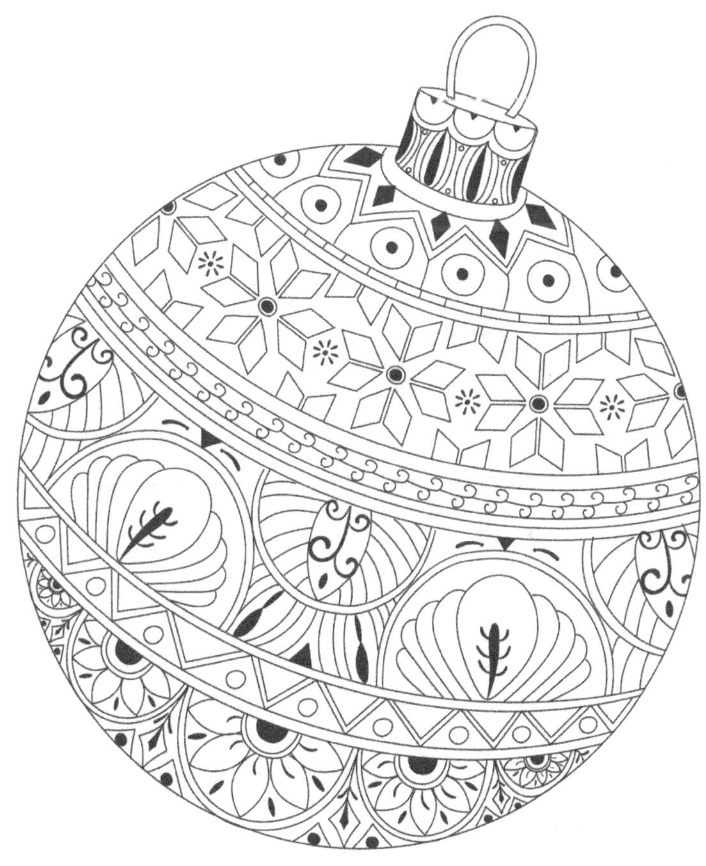

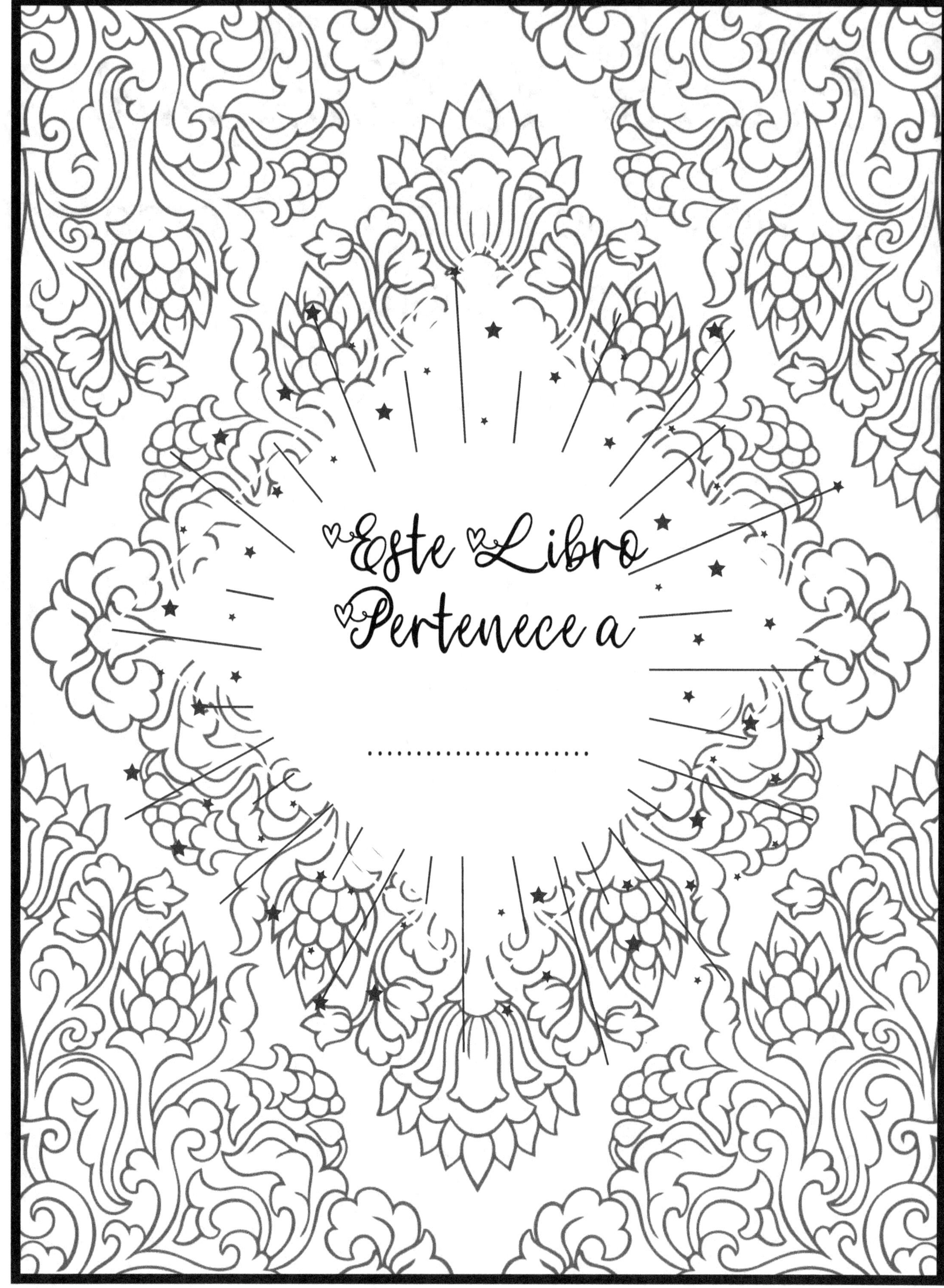

Este Libro
Pertenece a

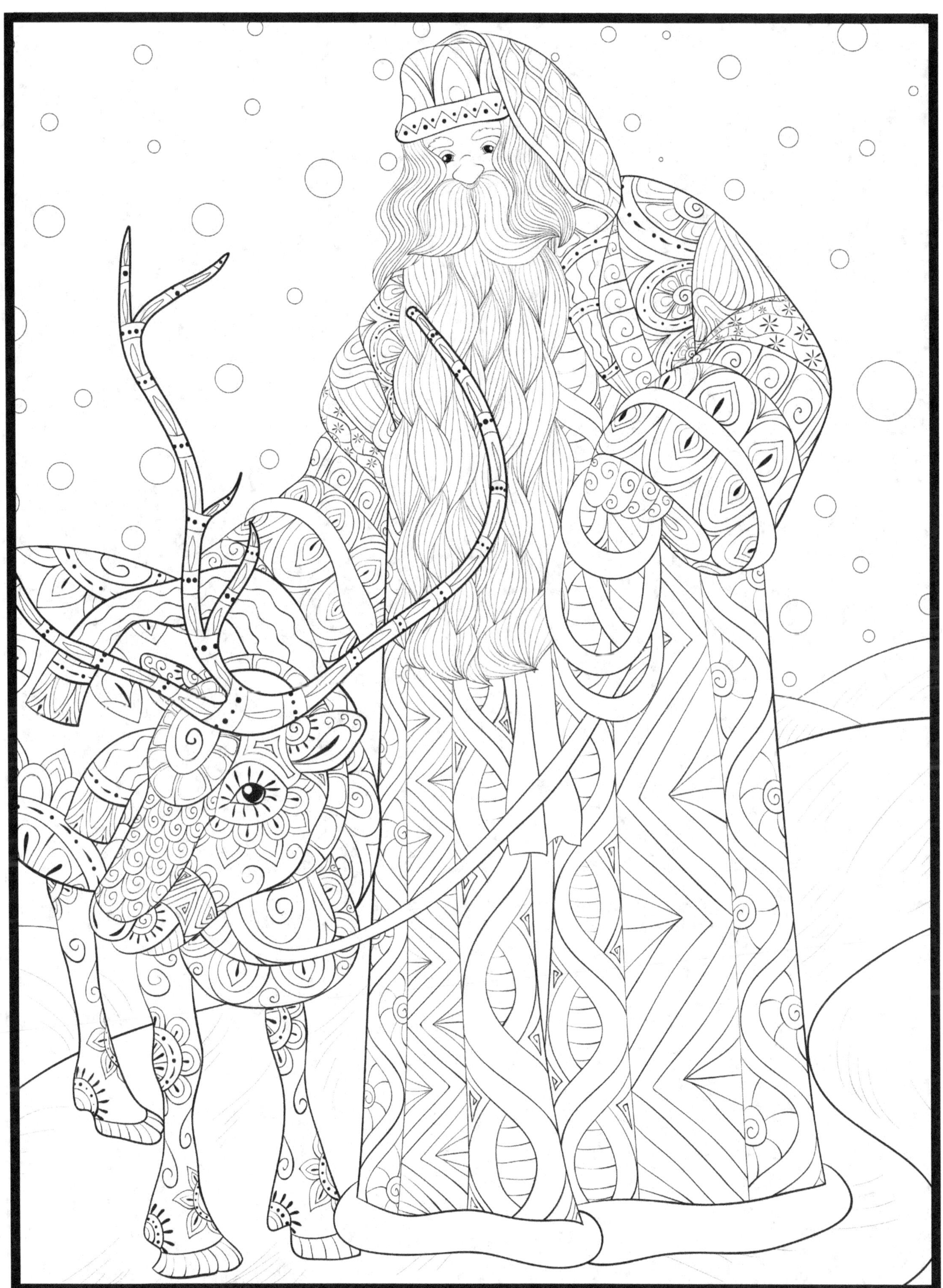

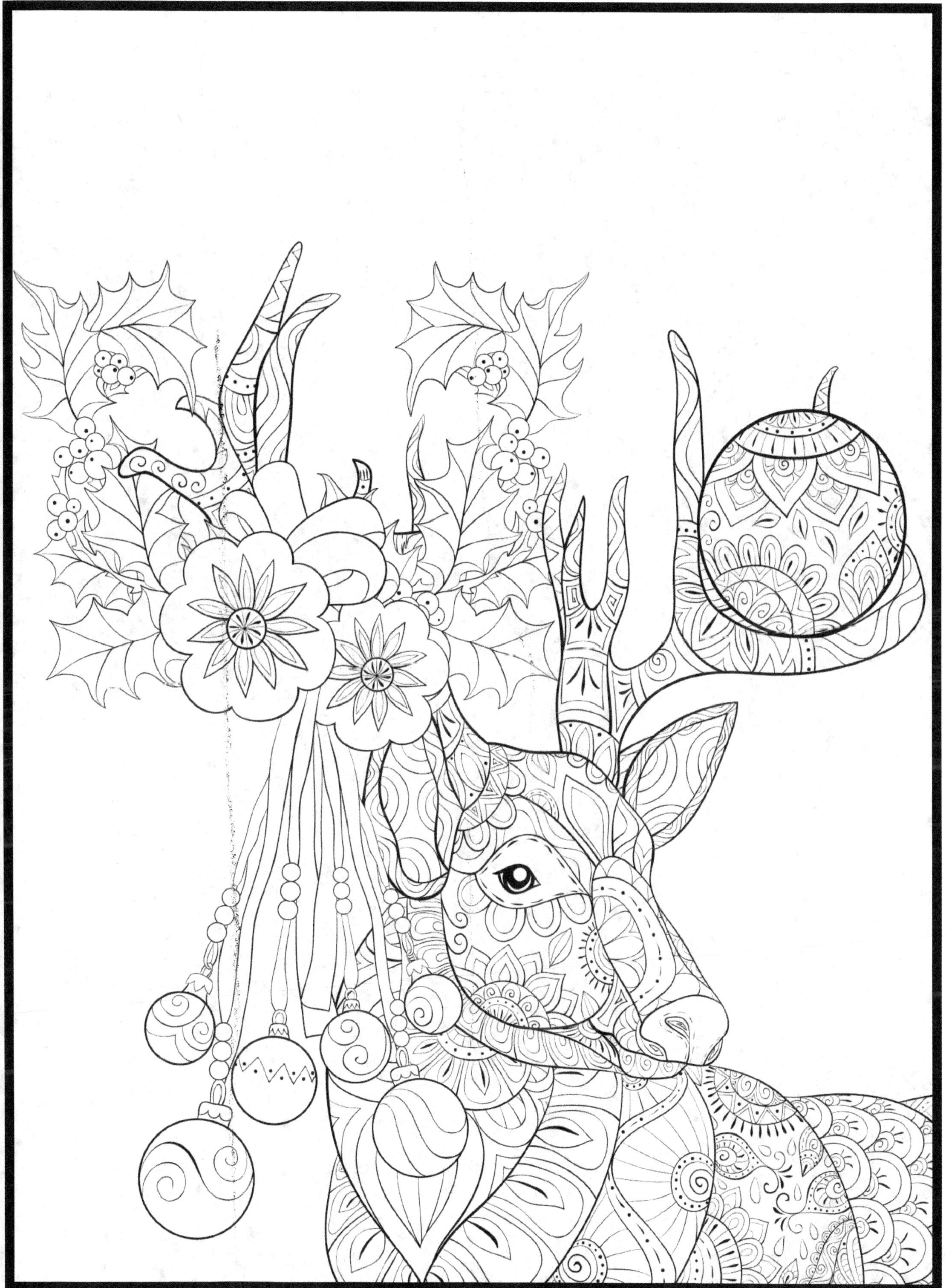

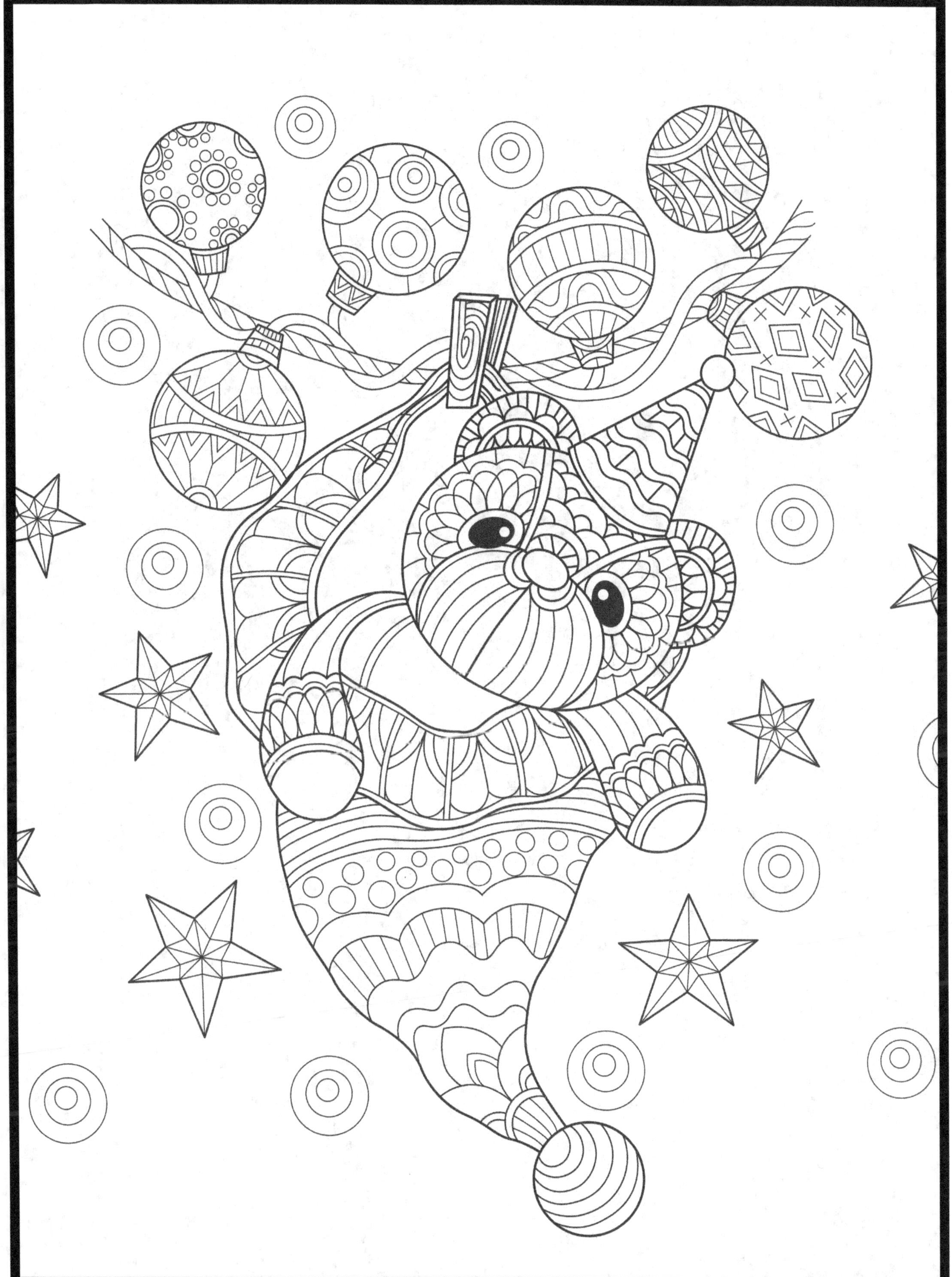

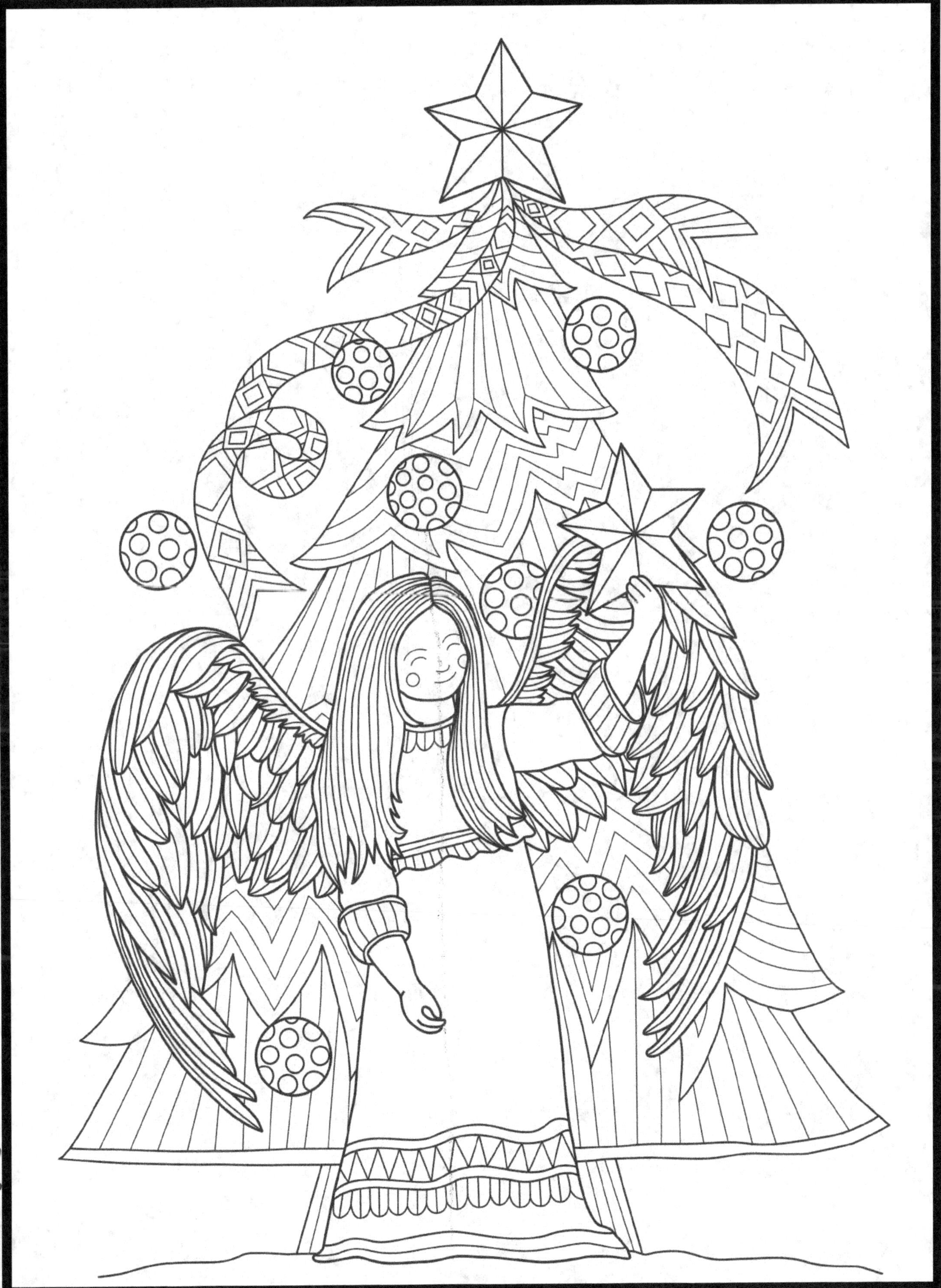

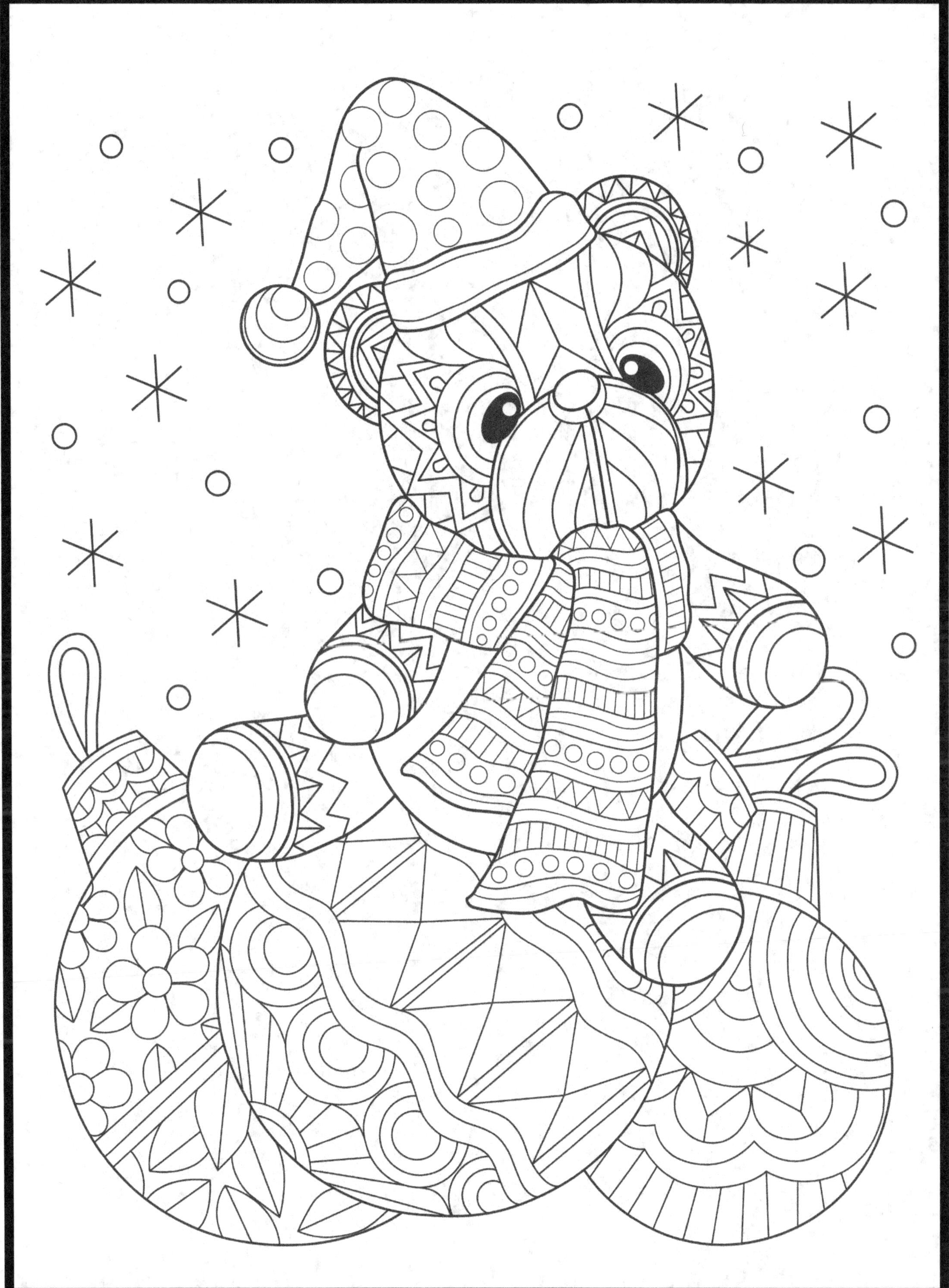

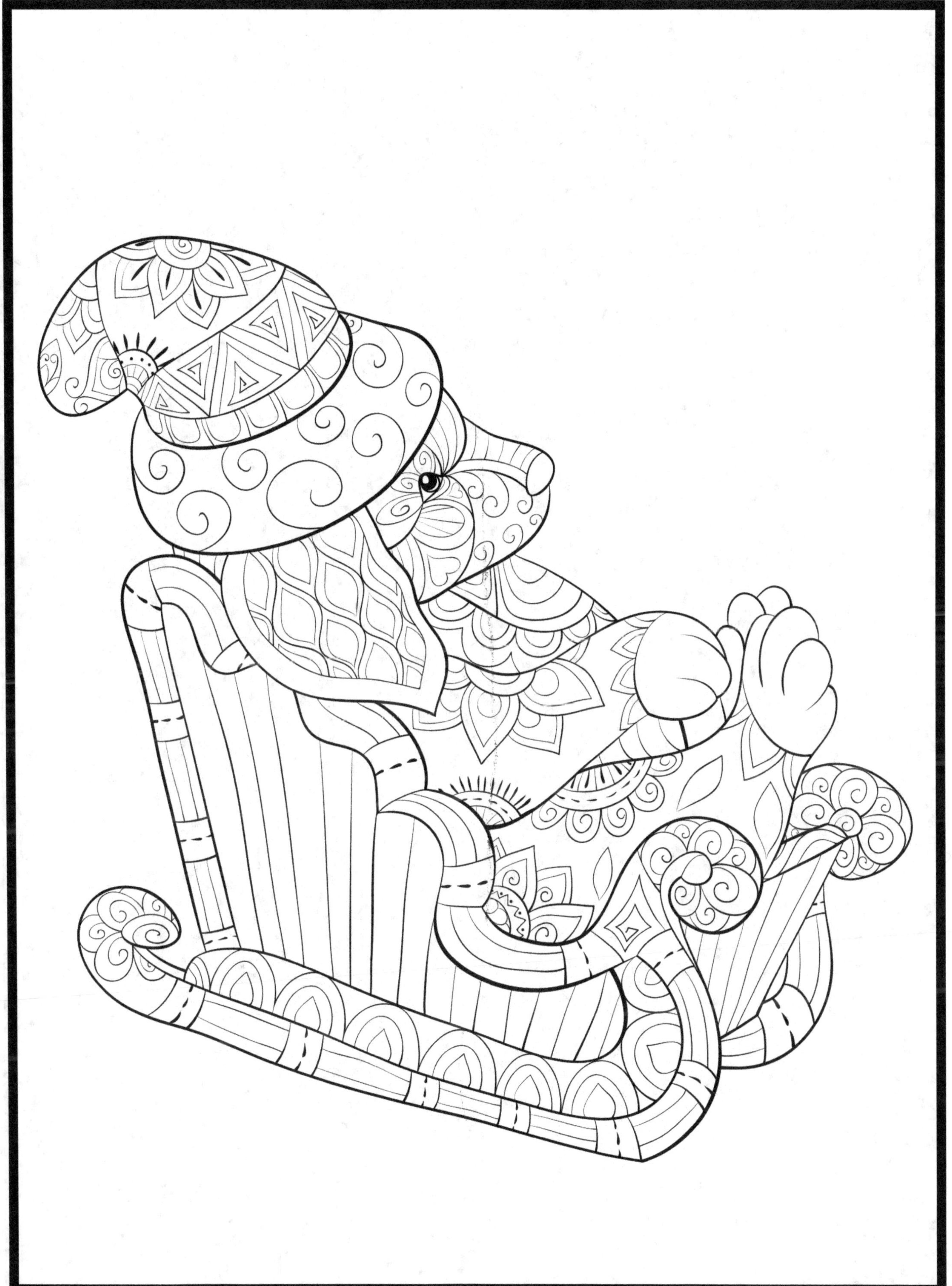

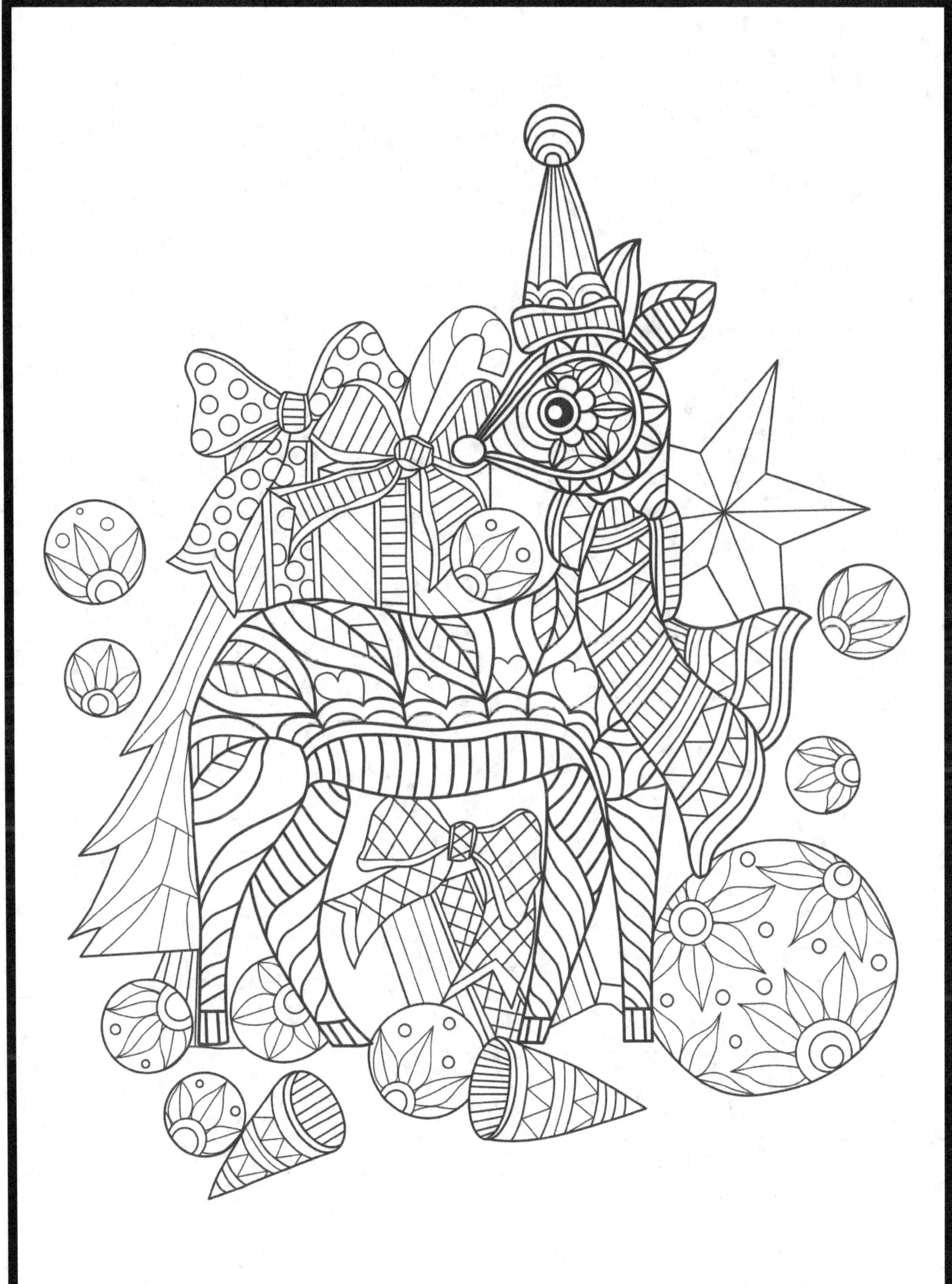

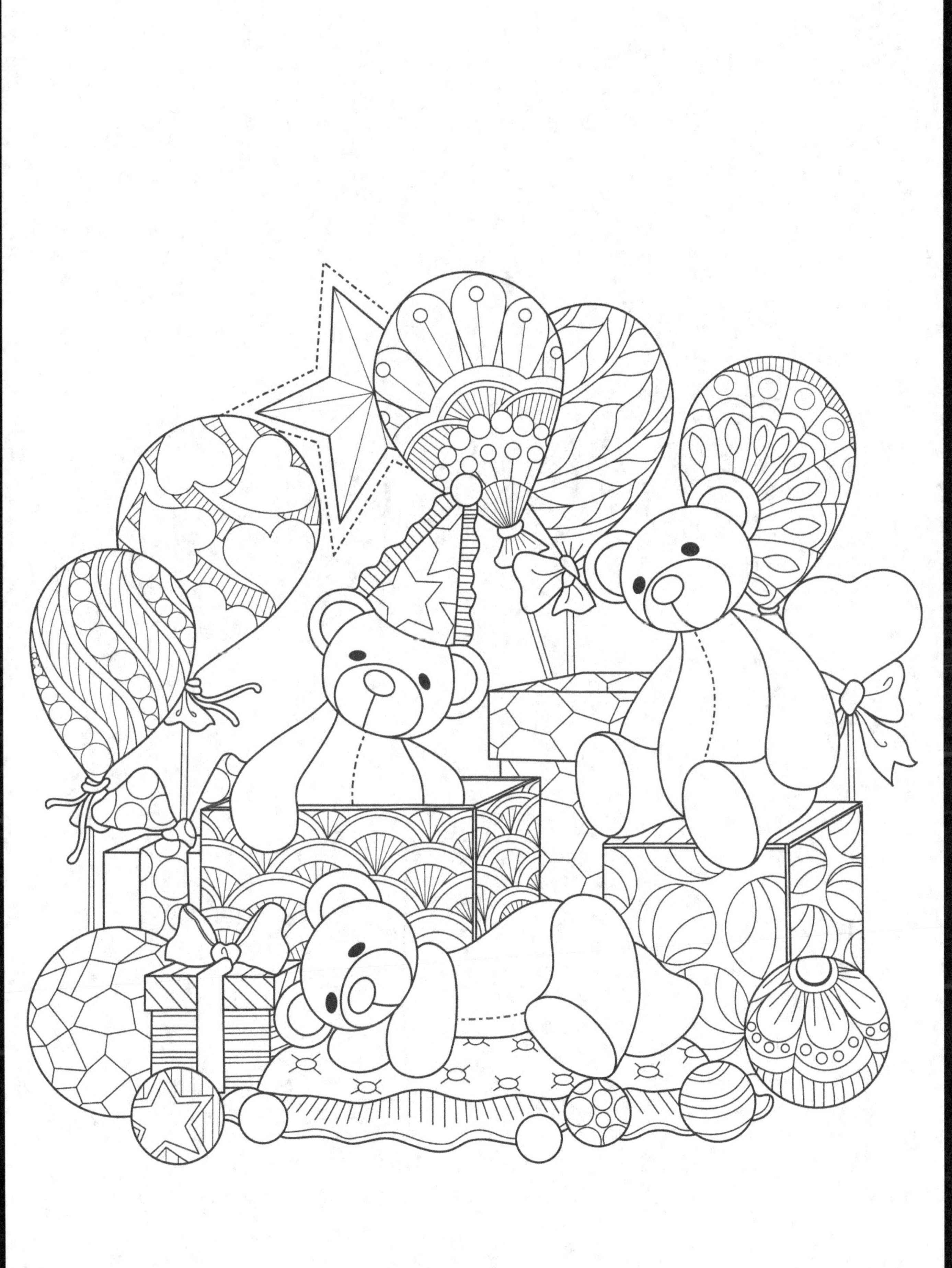

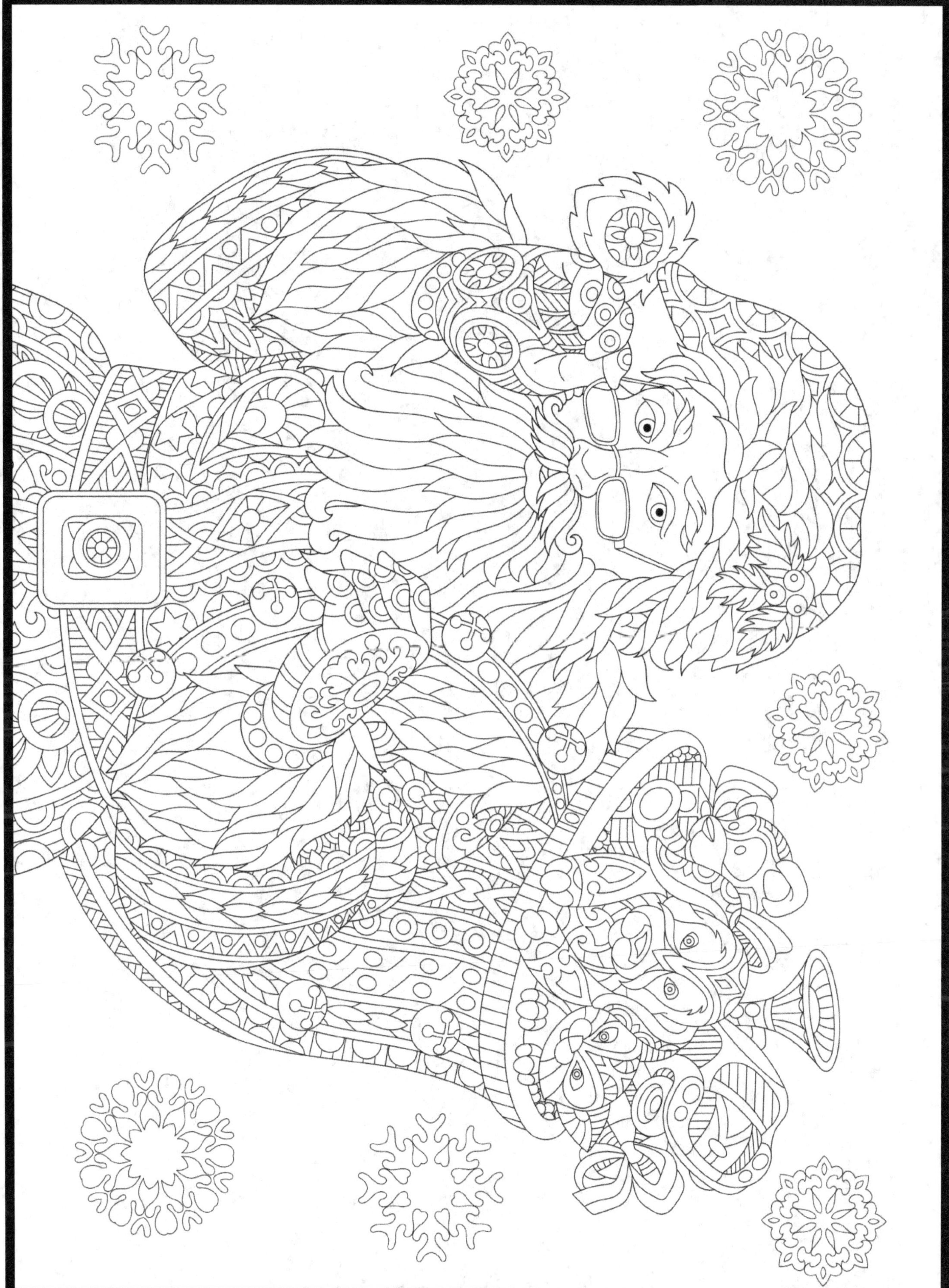

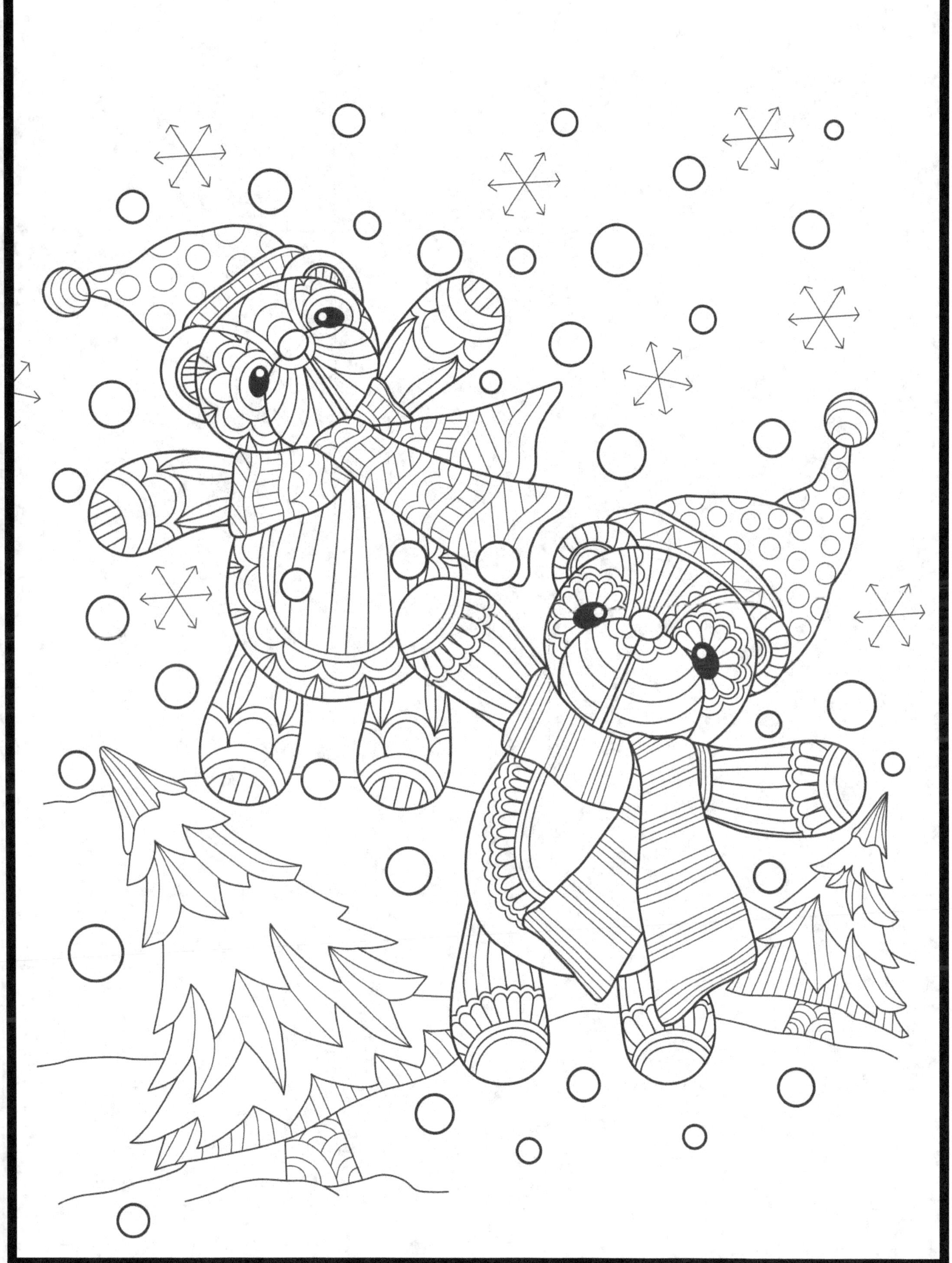

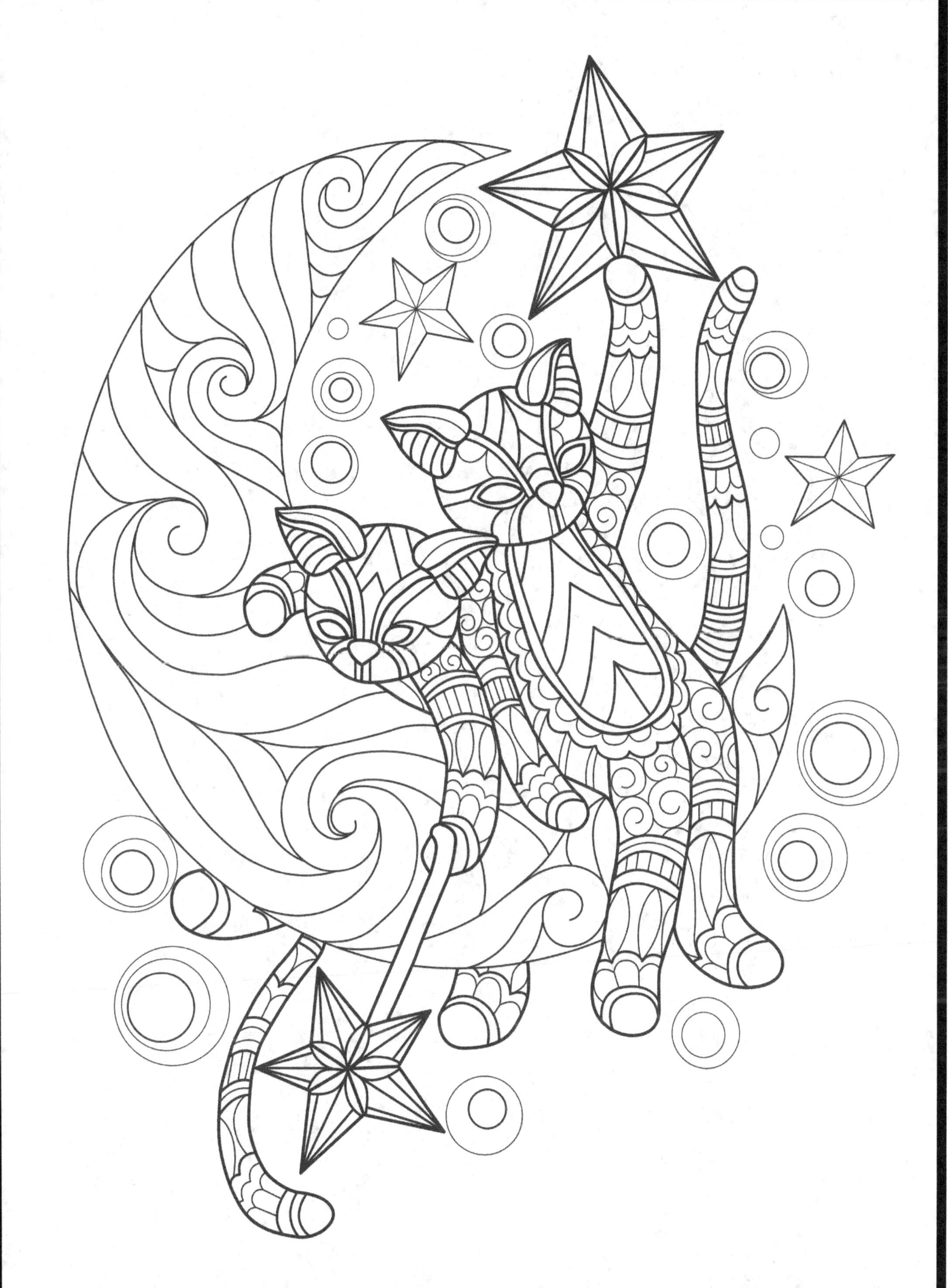

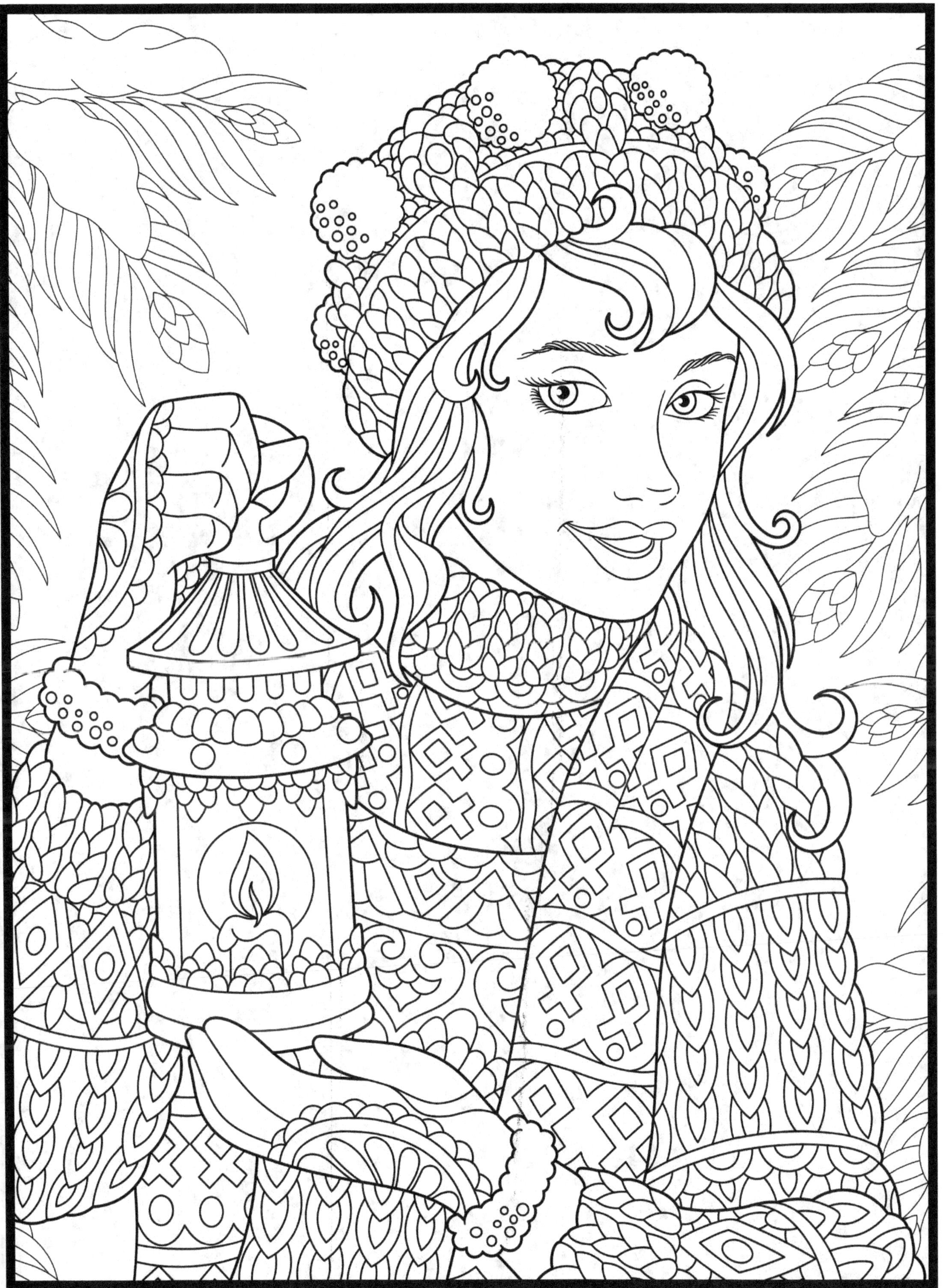

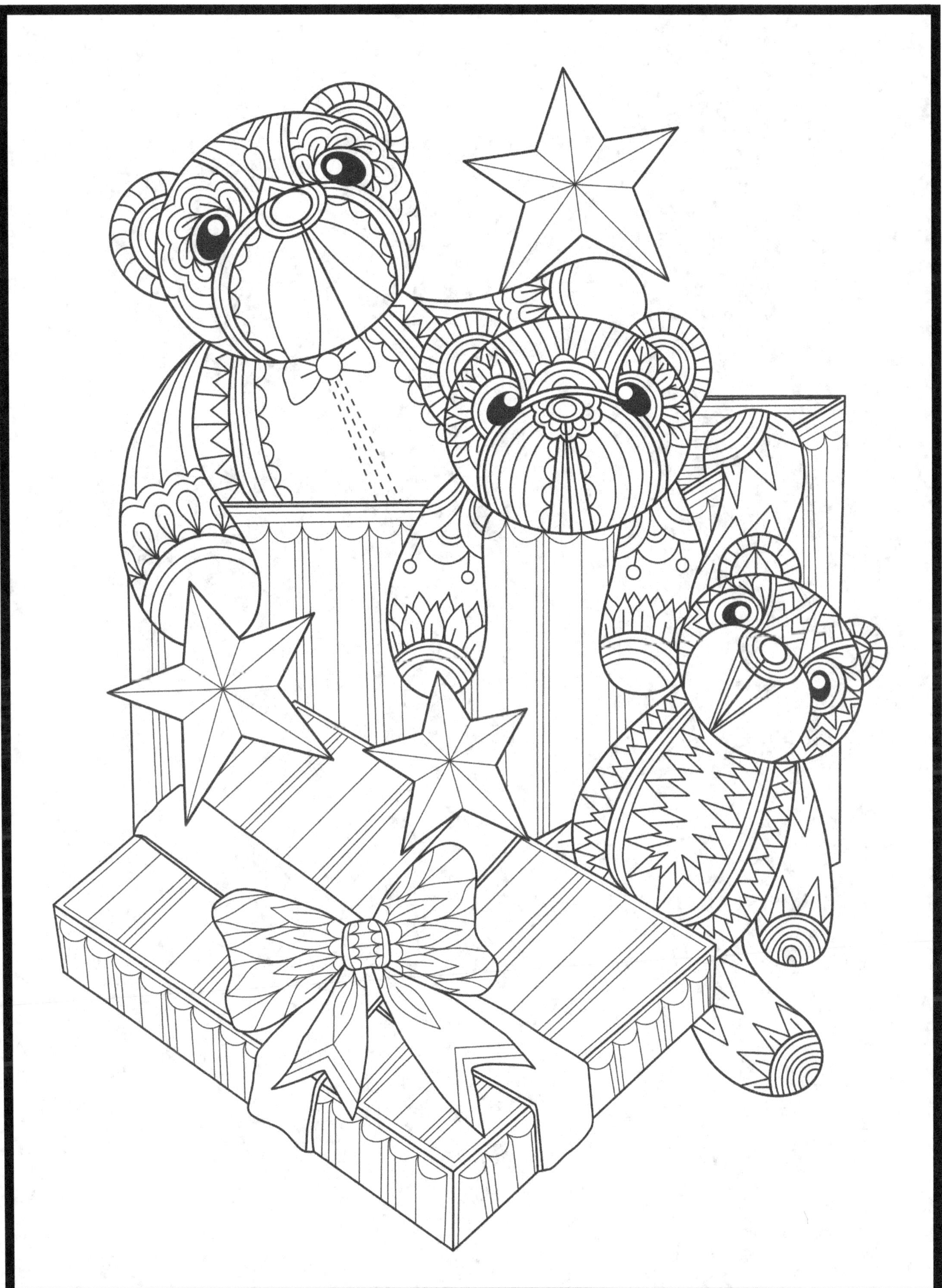

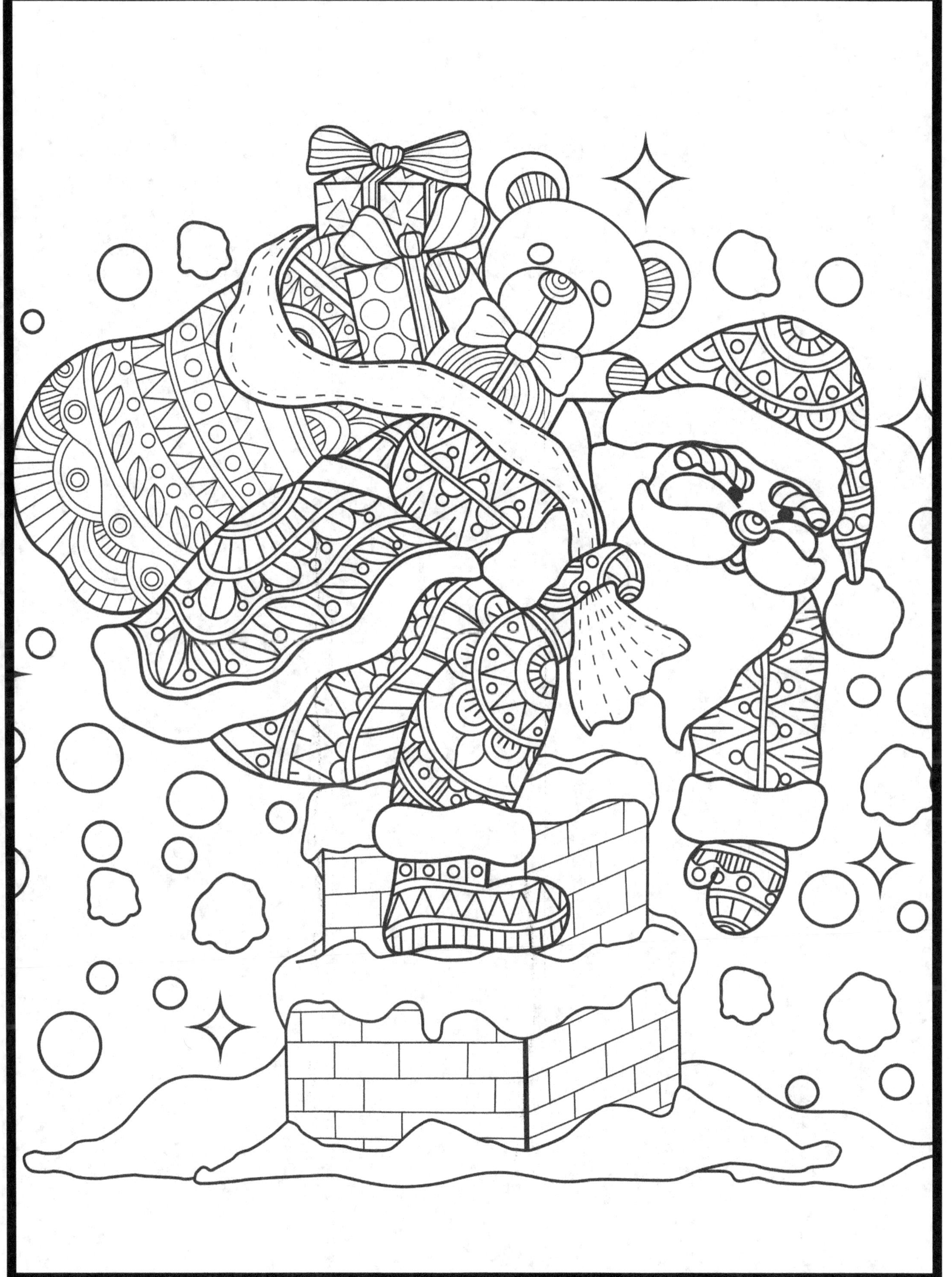

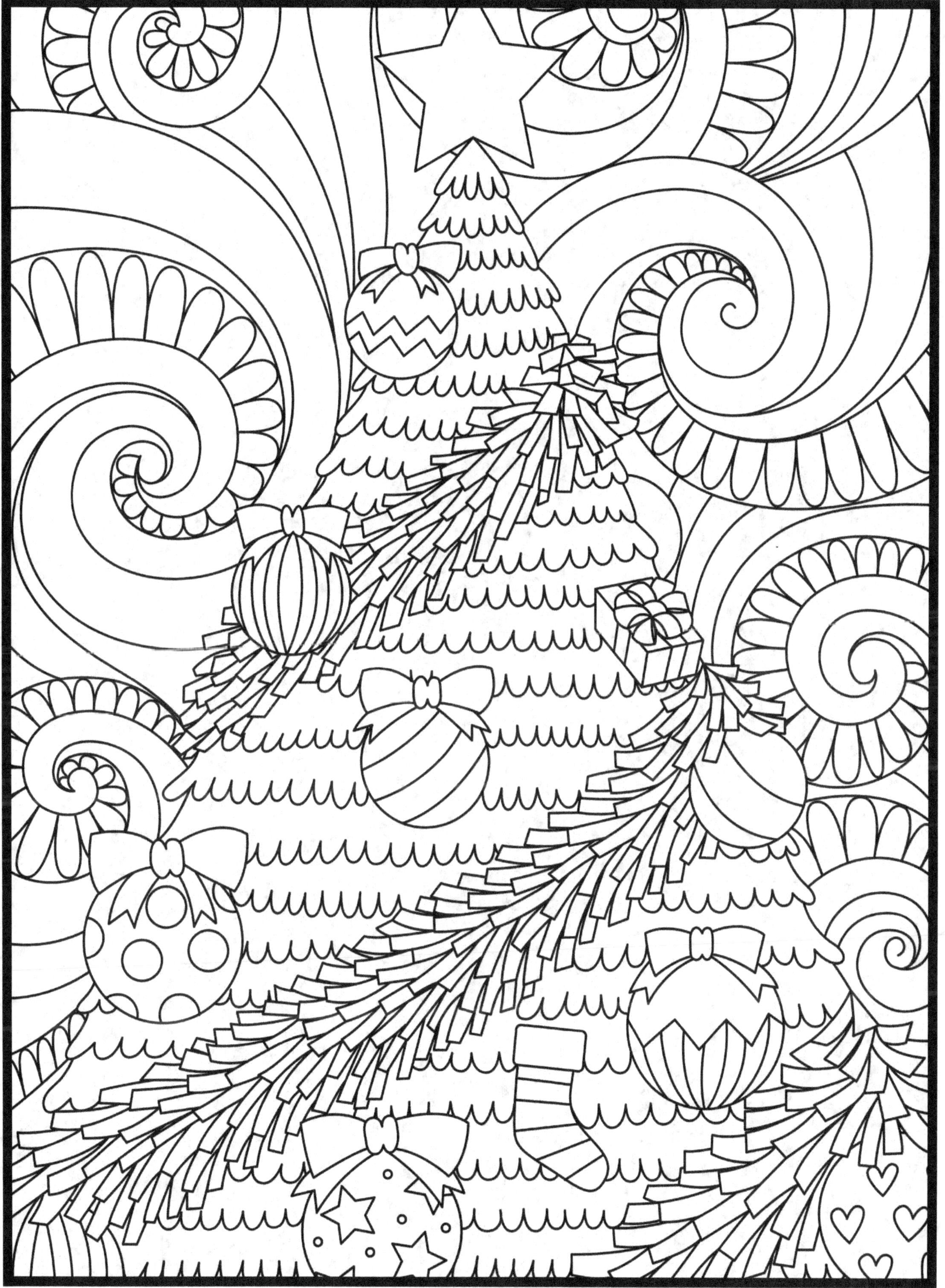

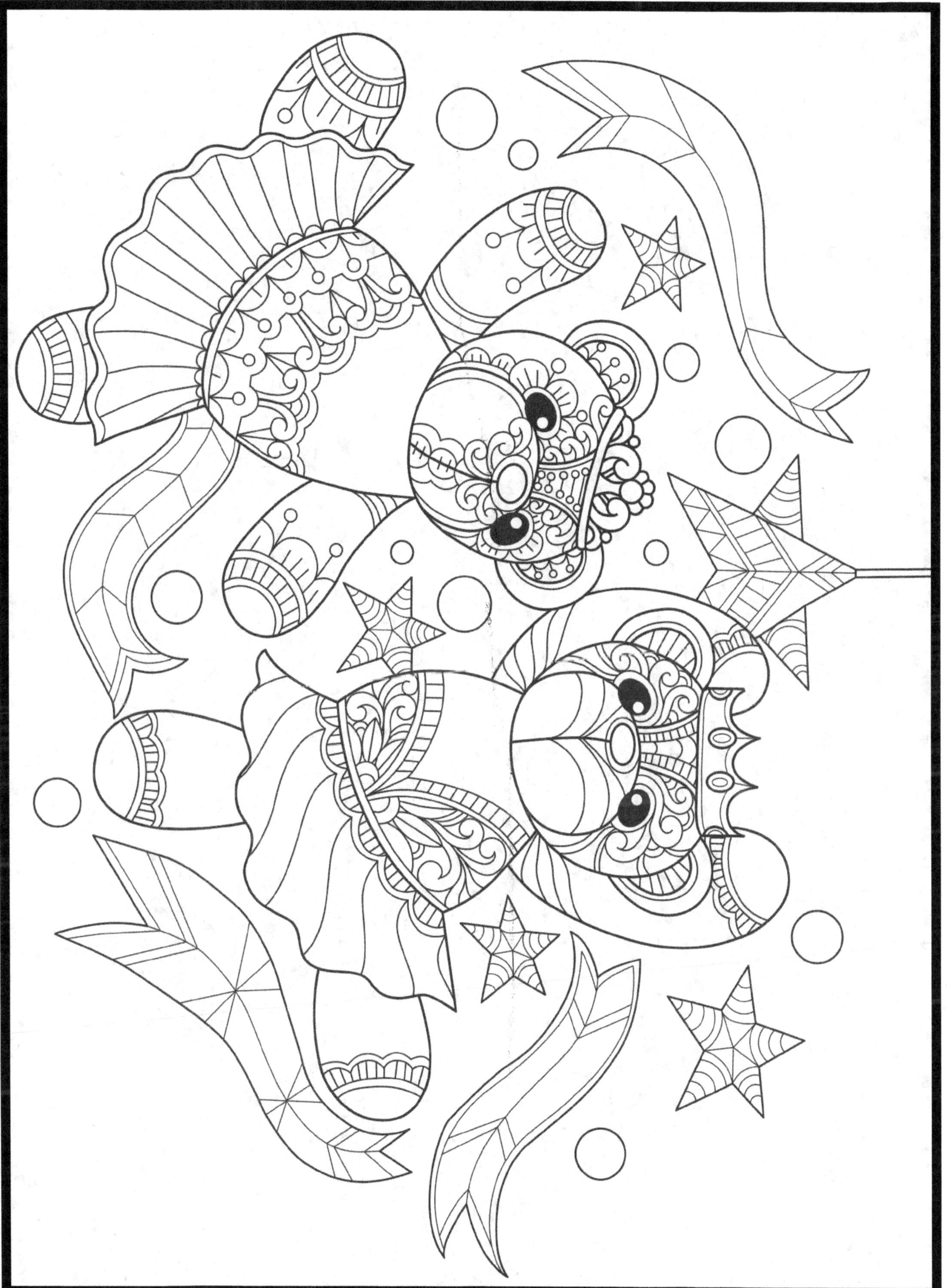

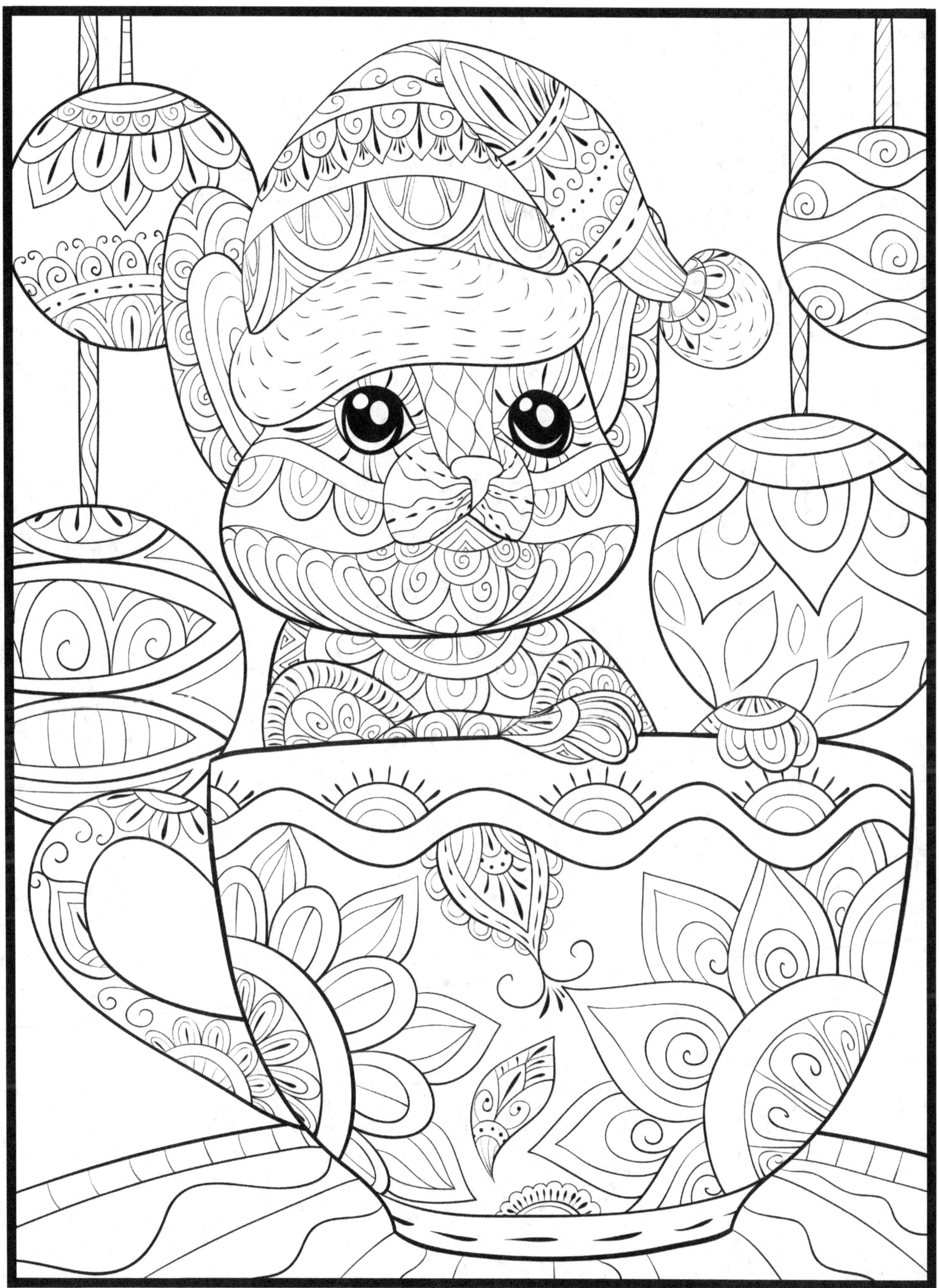

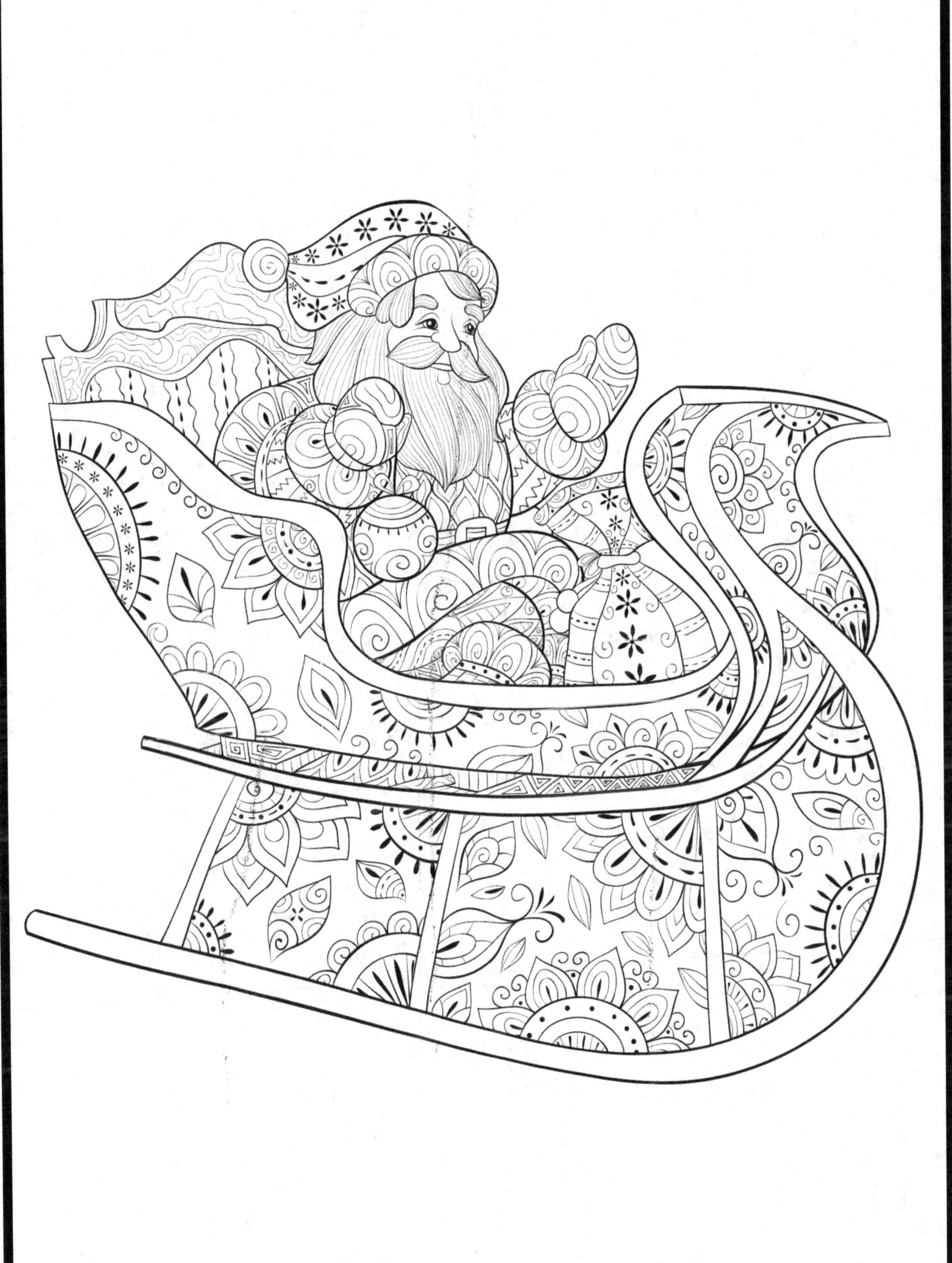

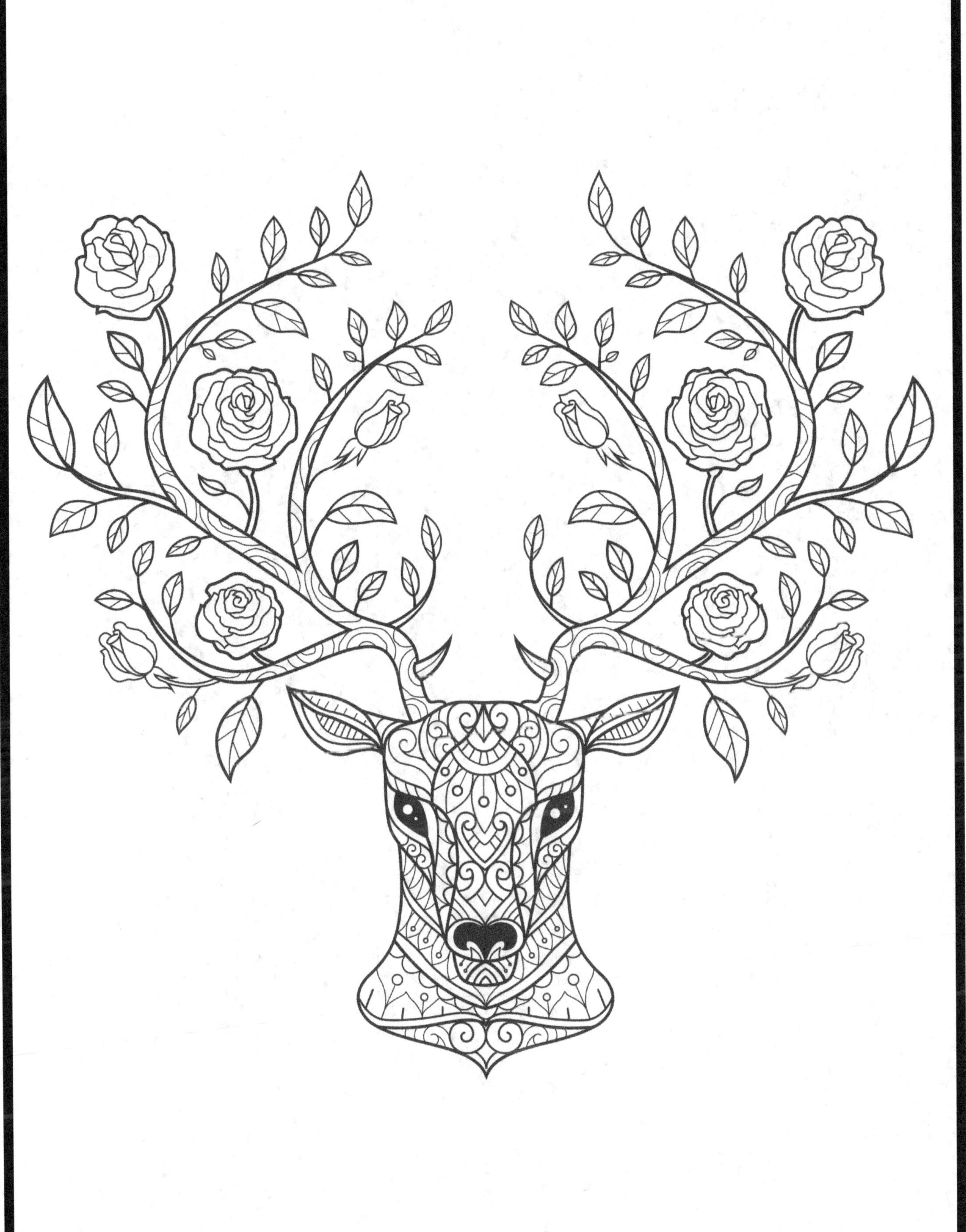

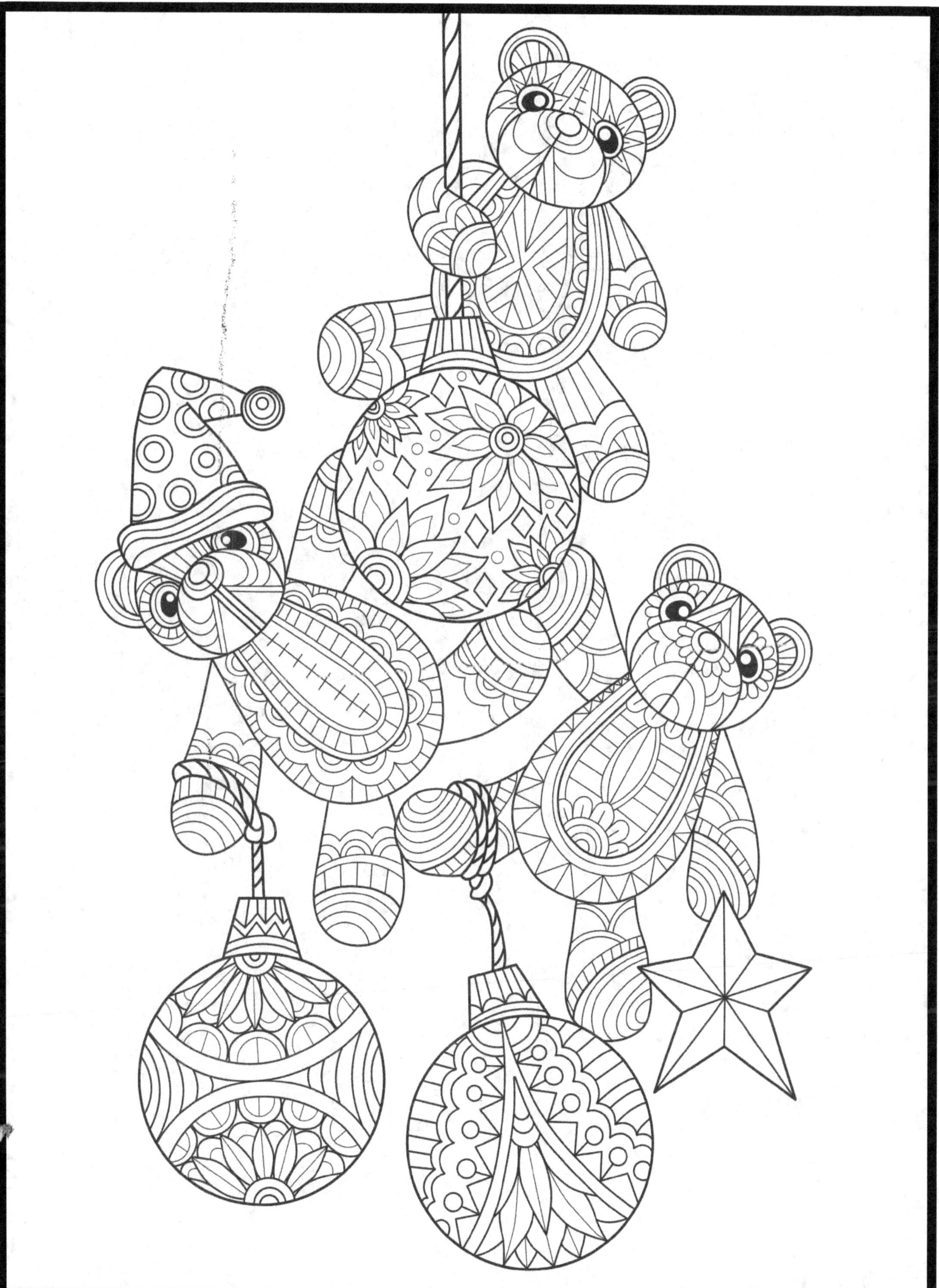

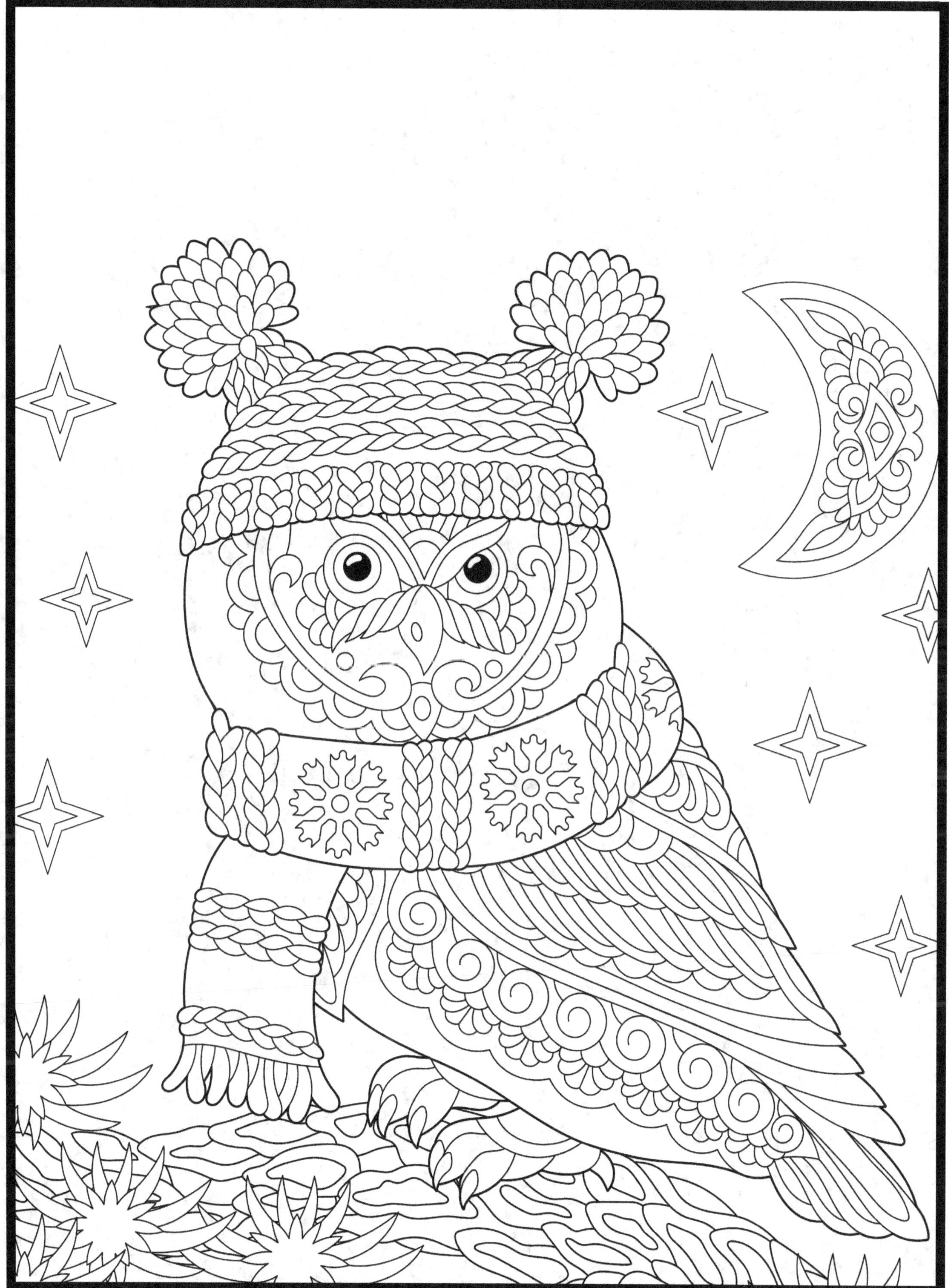

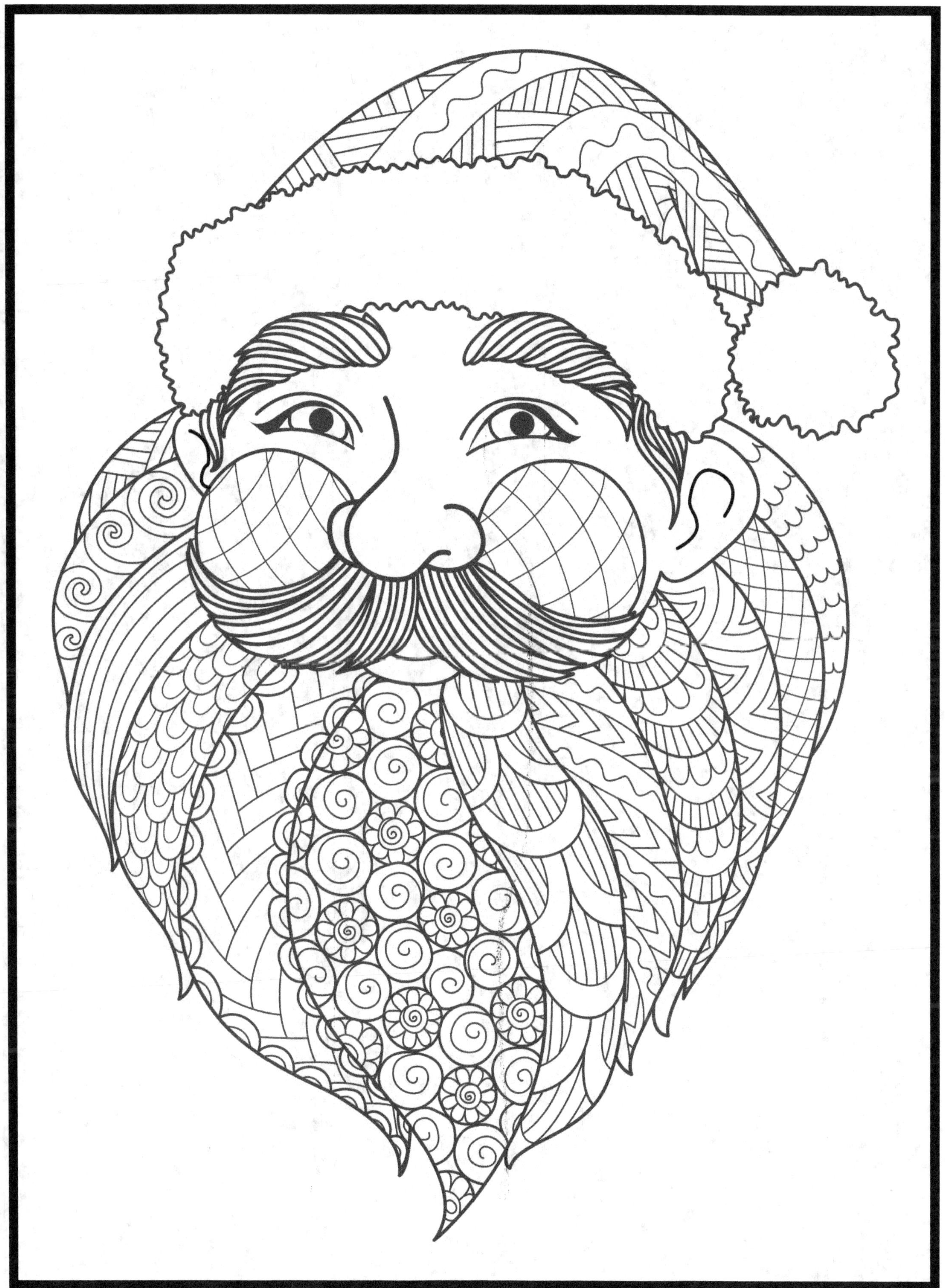

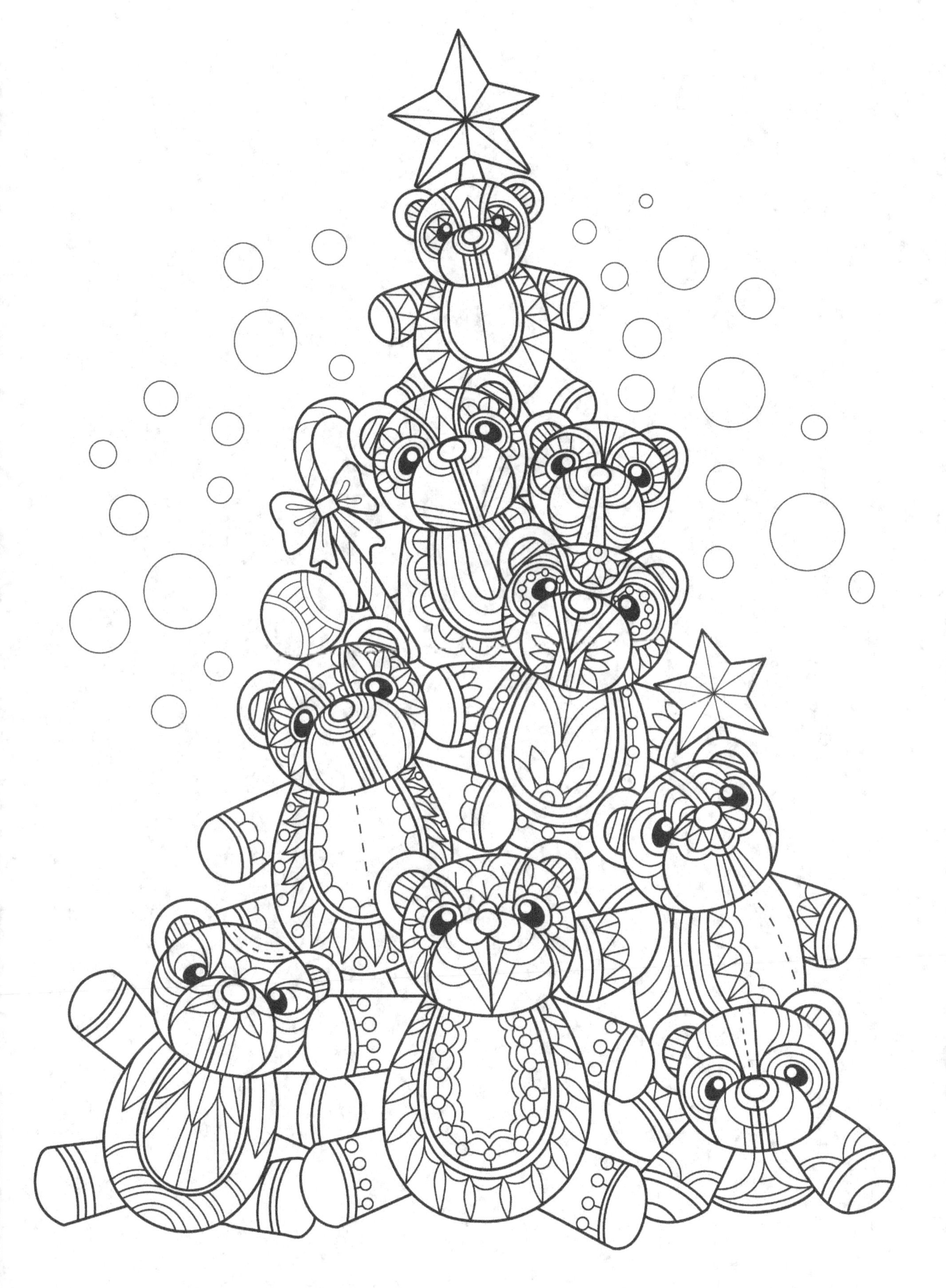

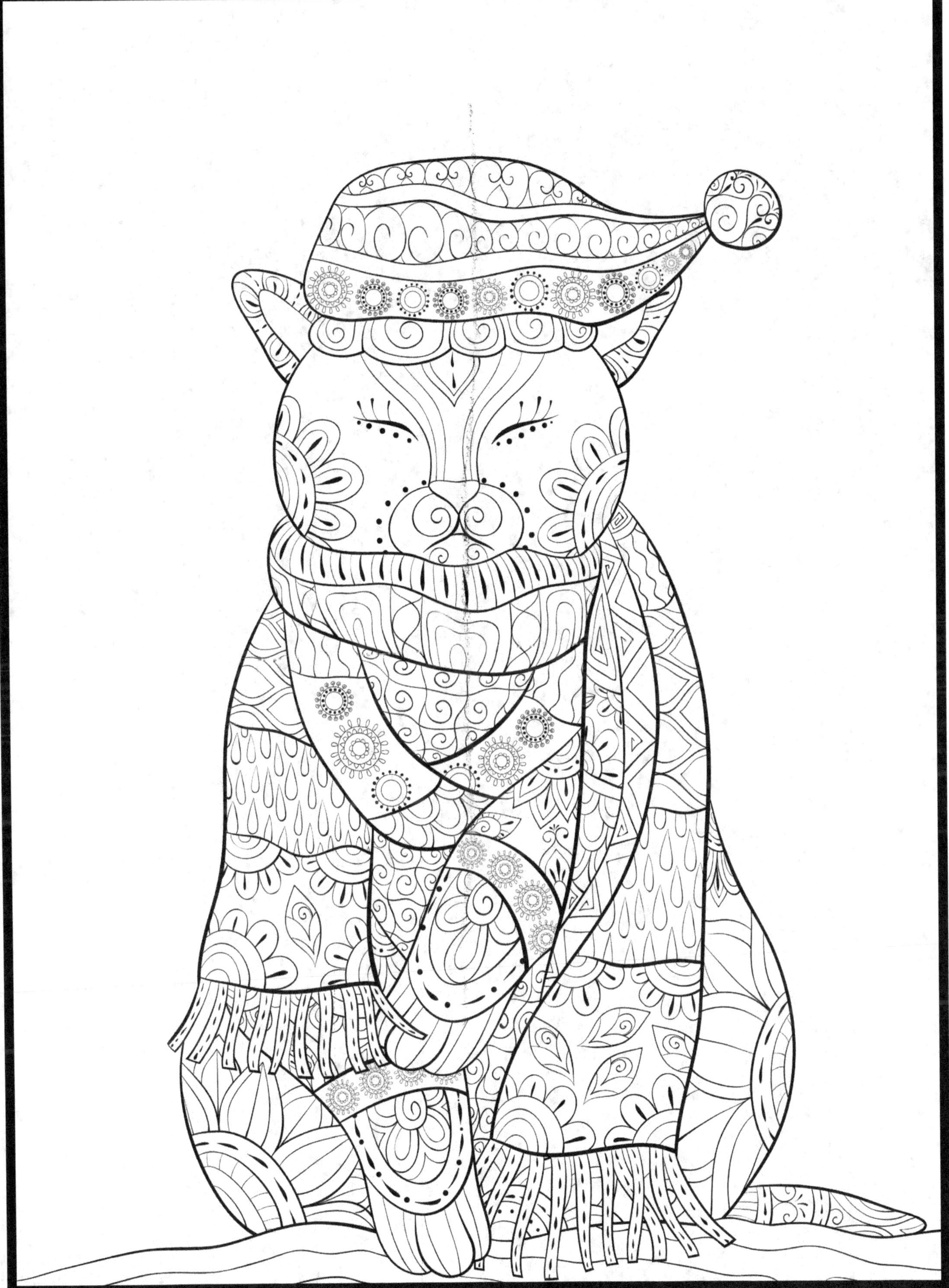

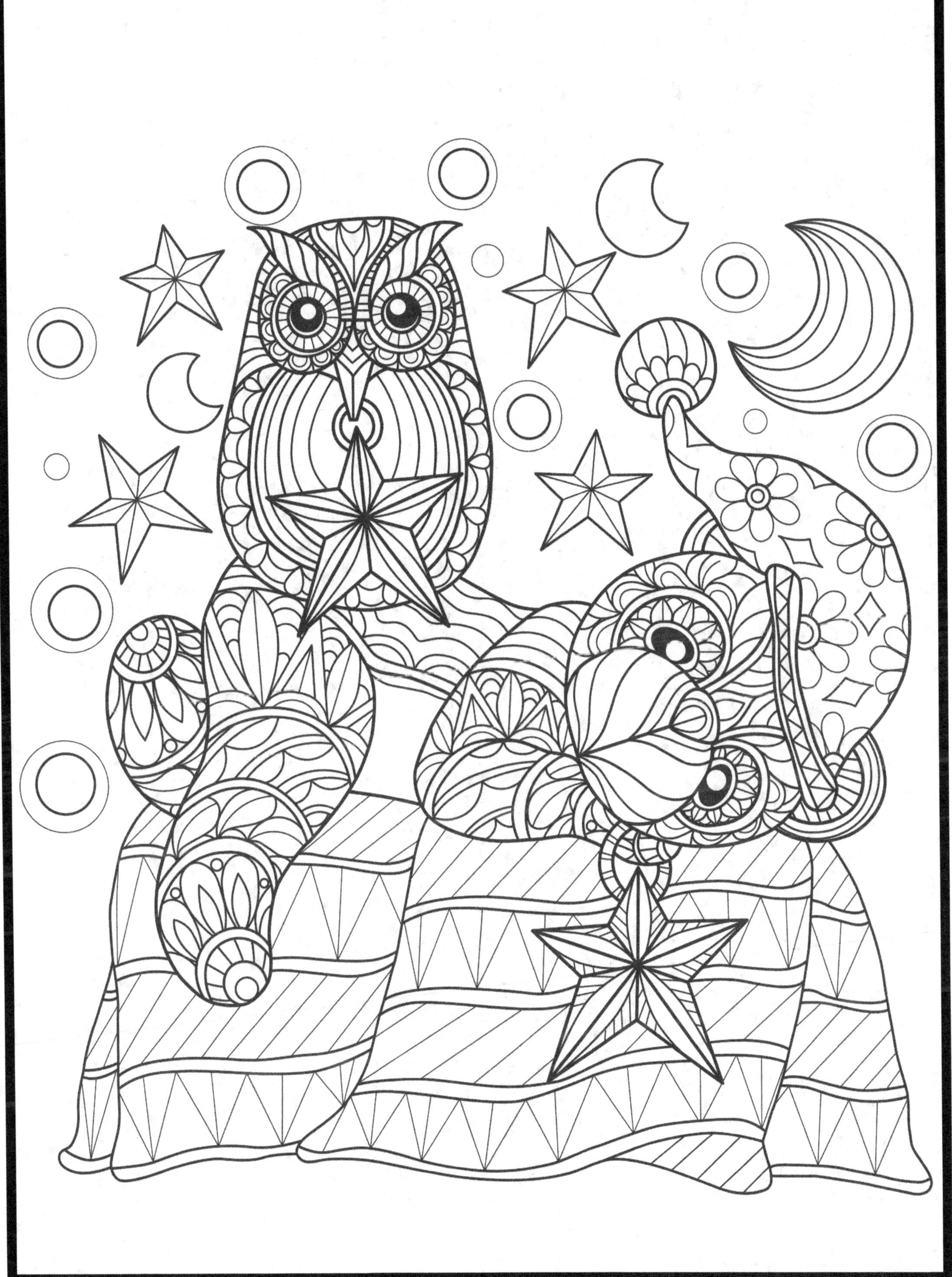

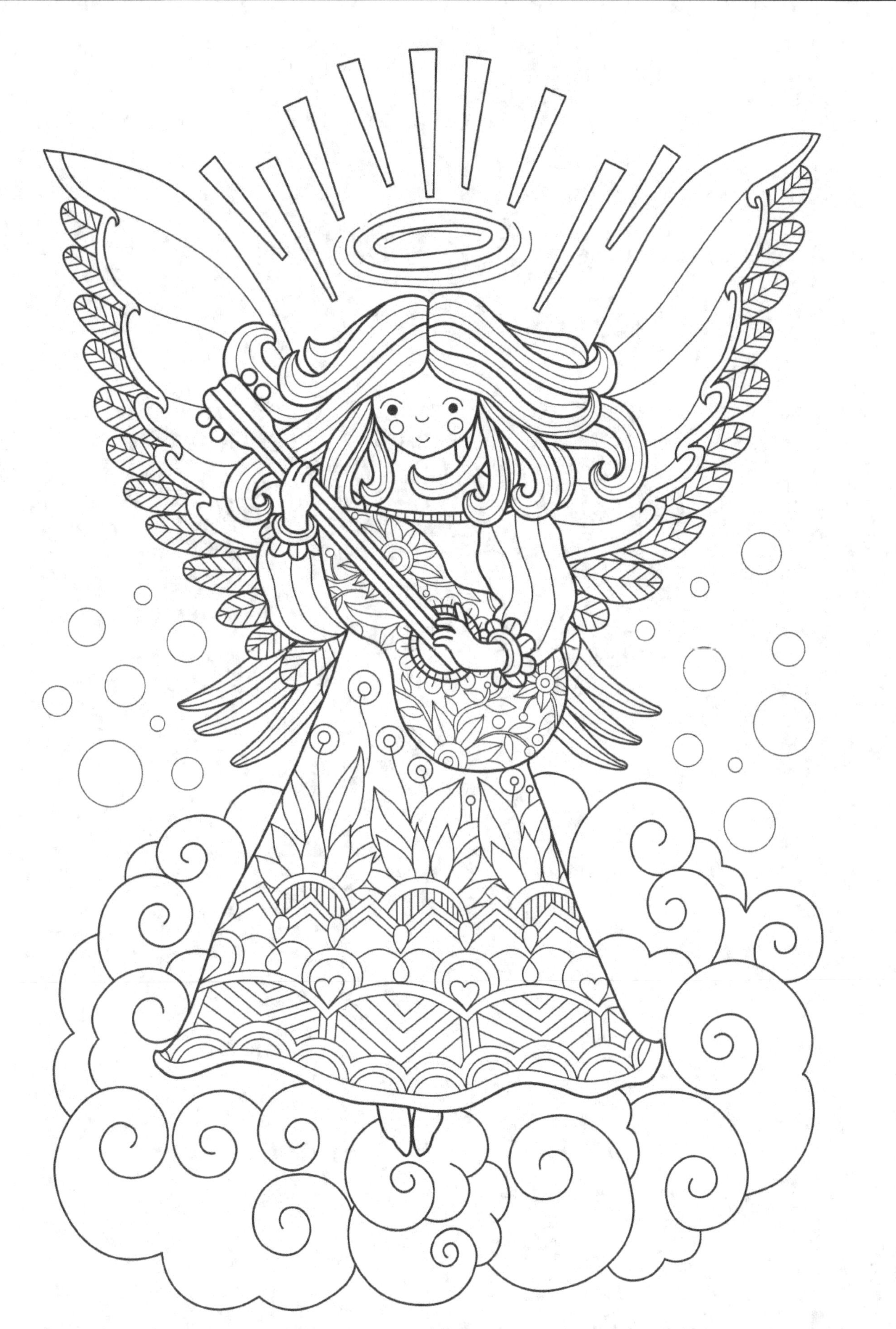

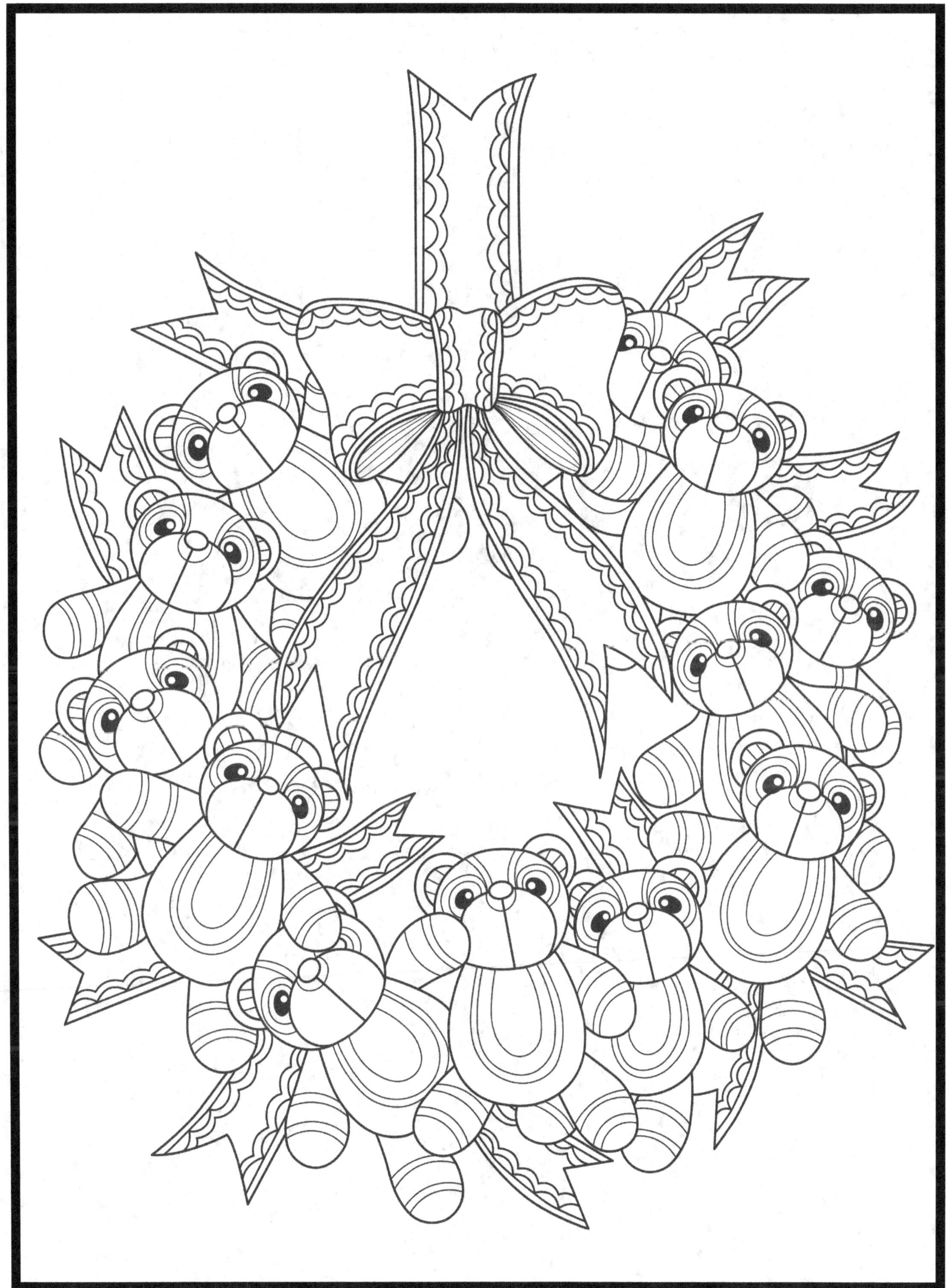

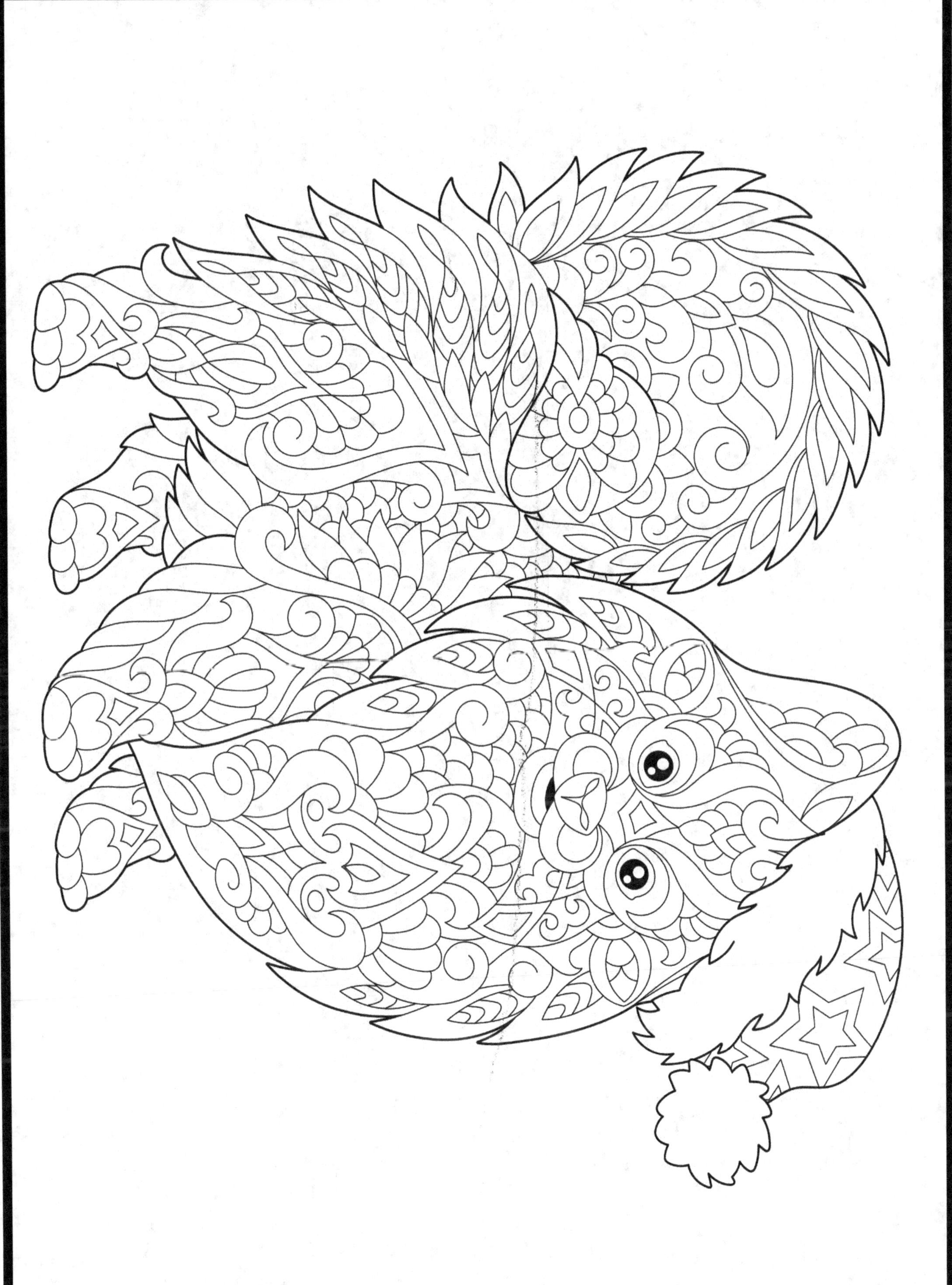

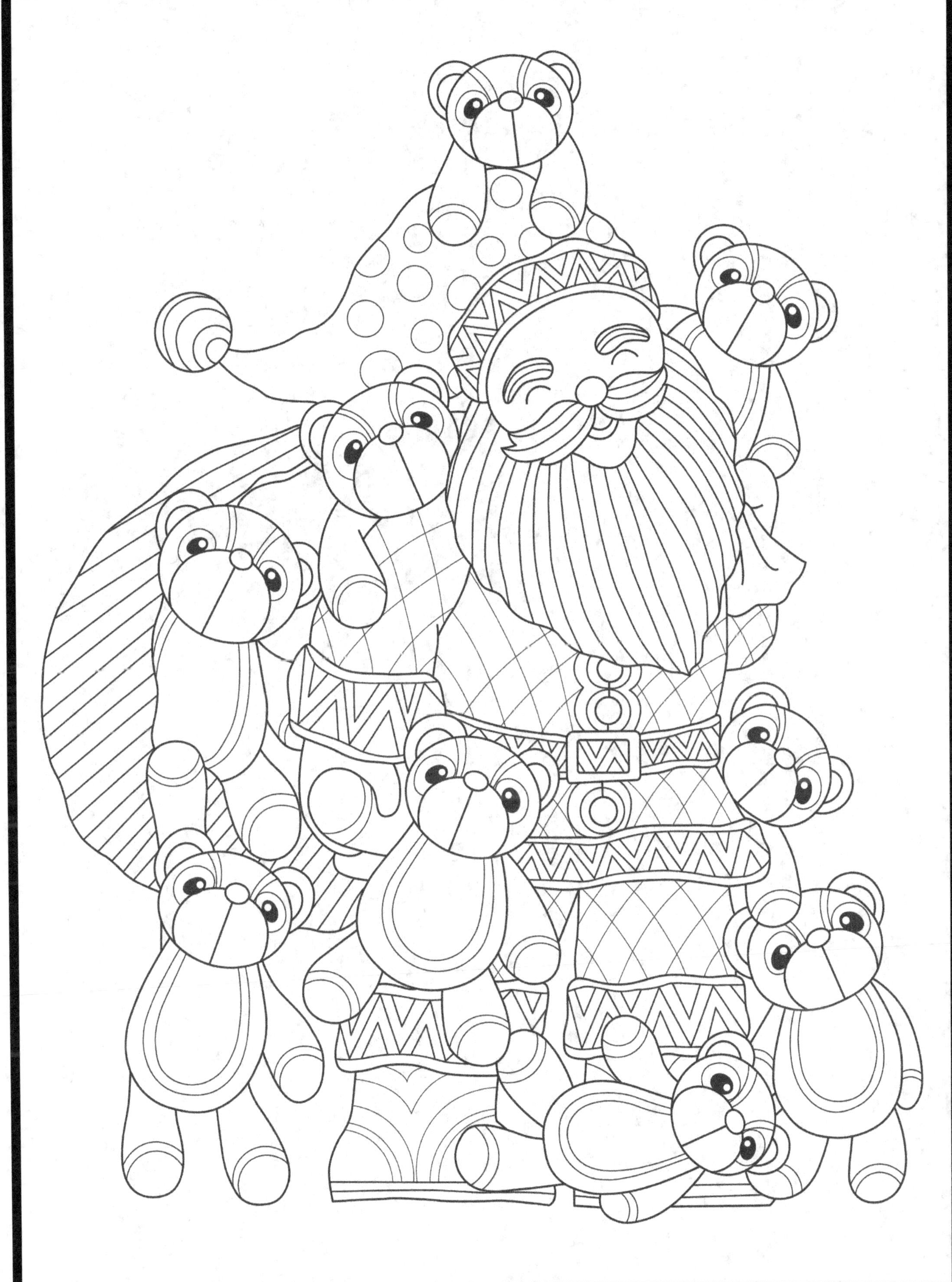

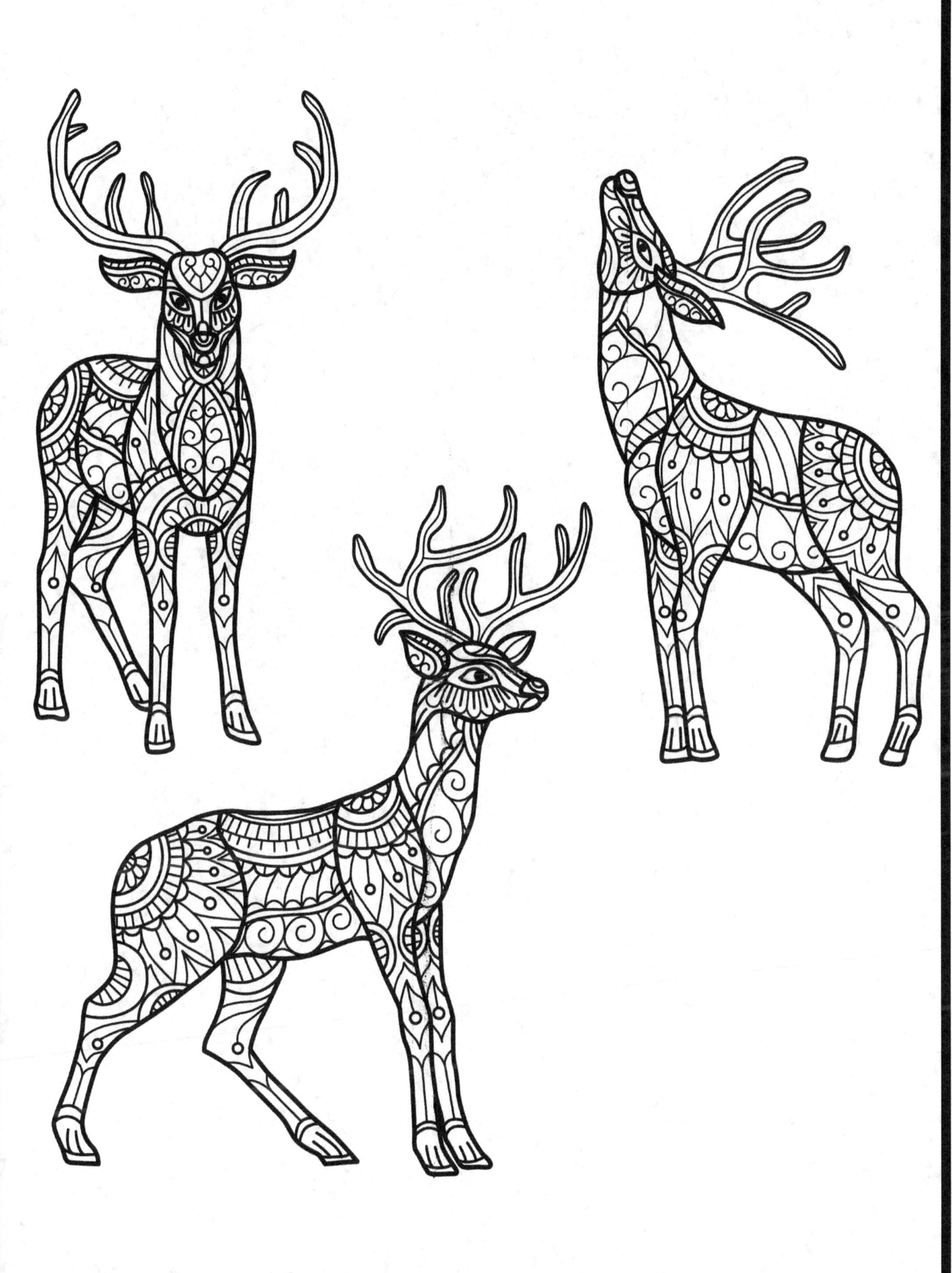

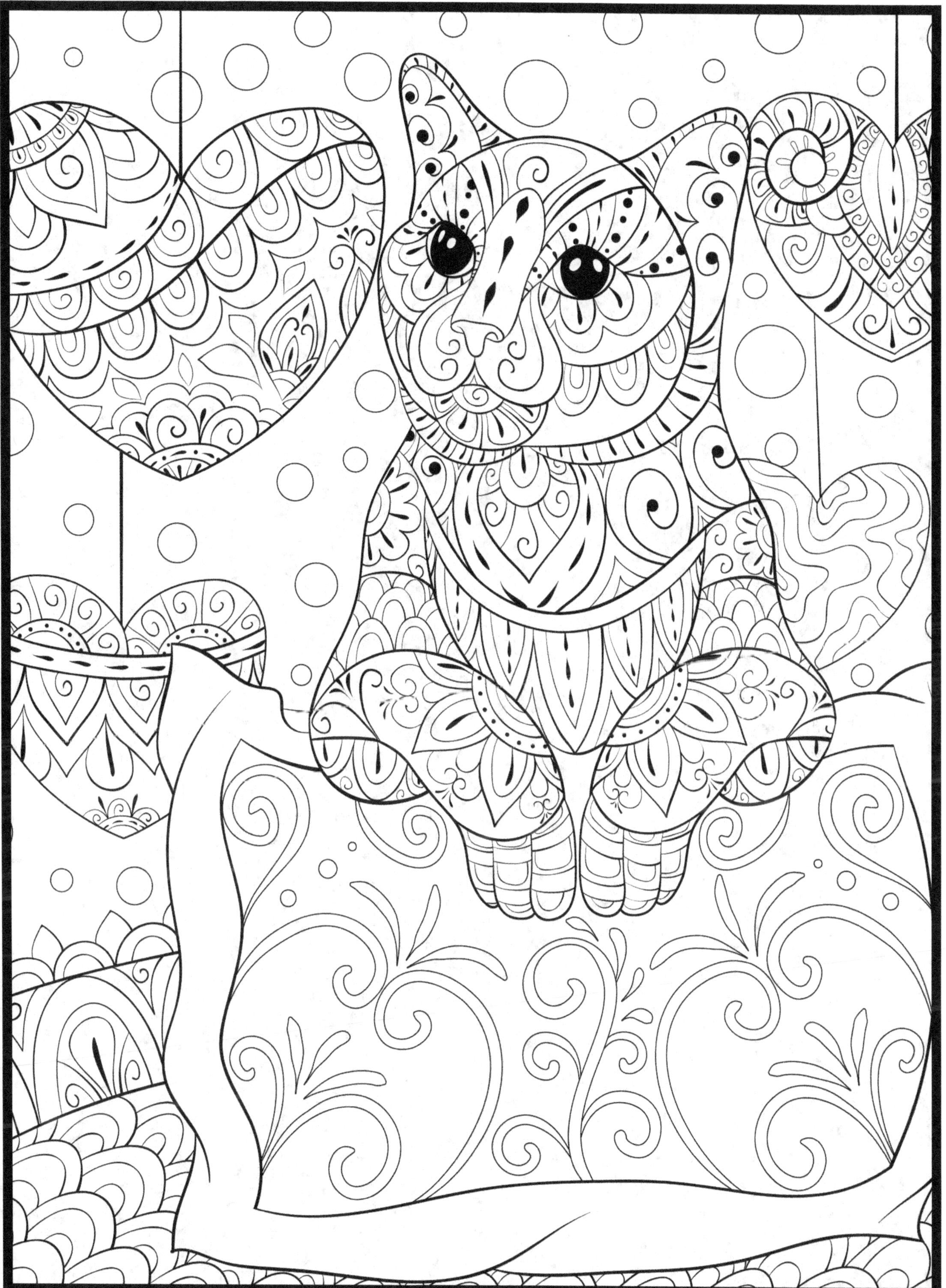

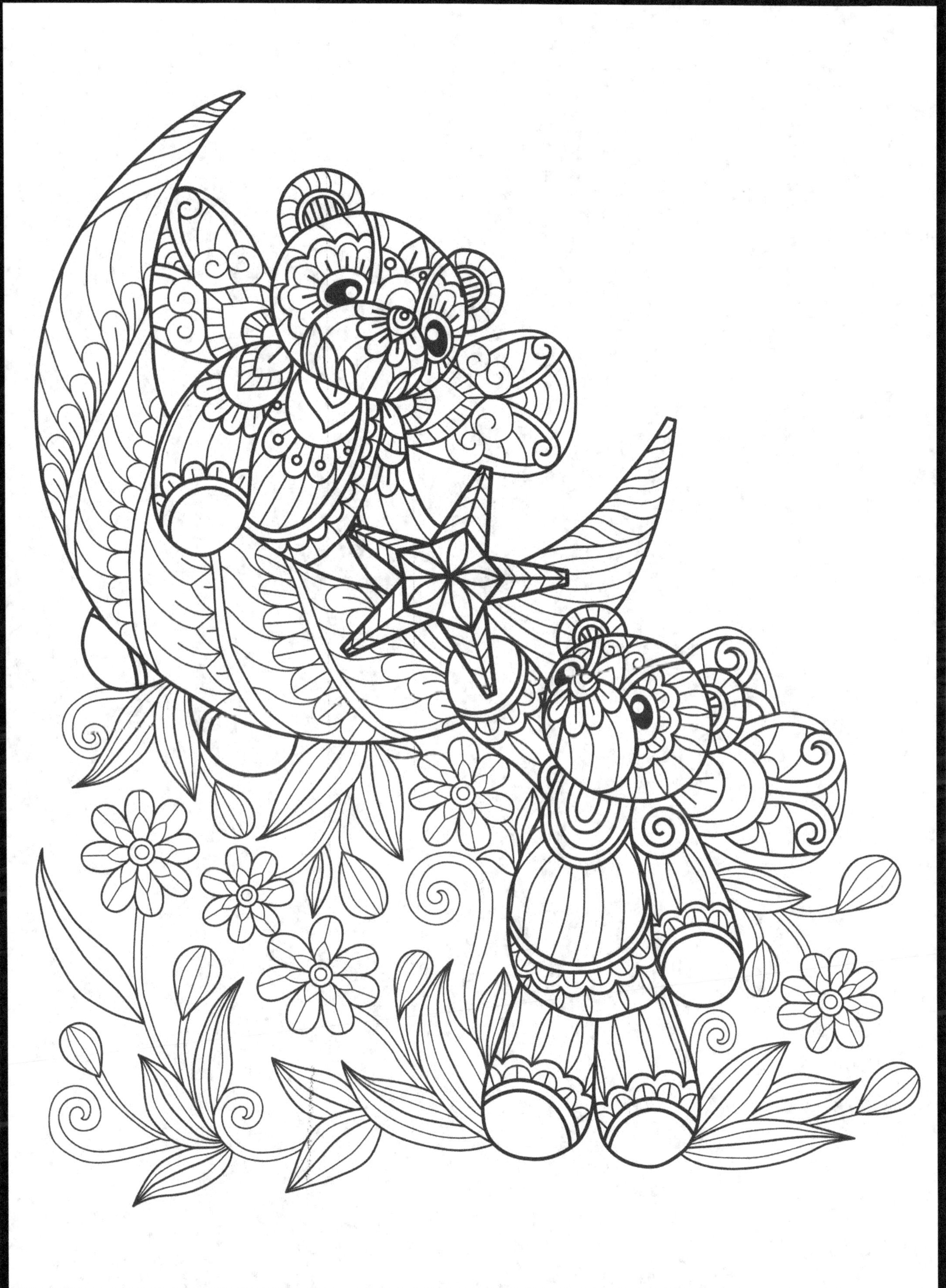

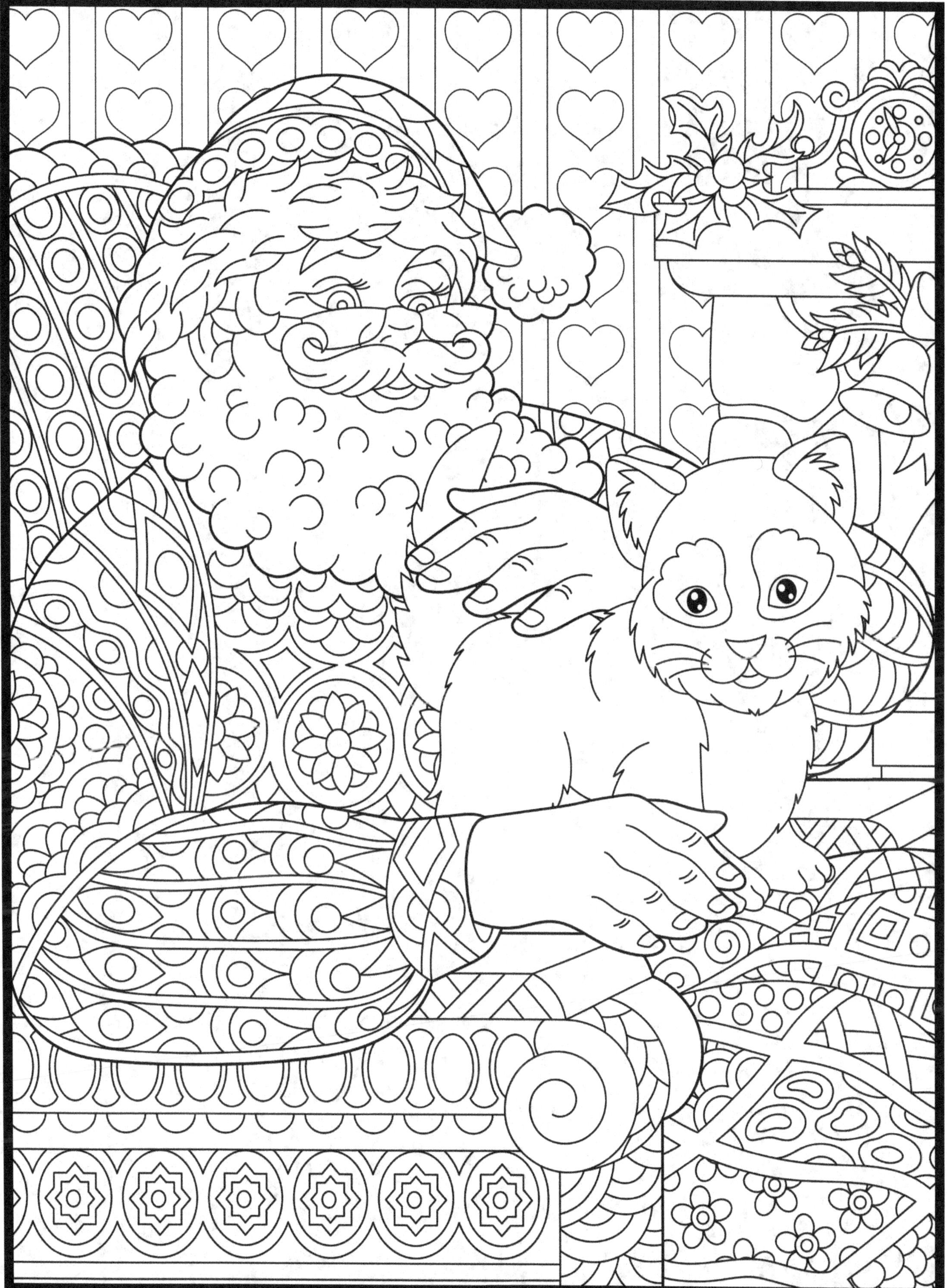

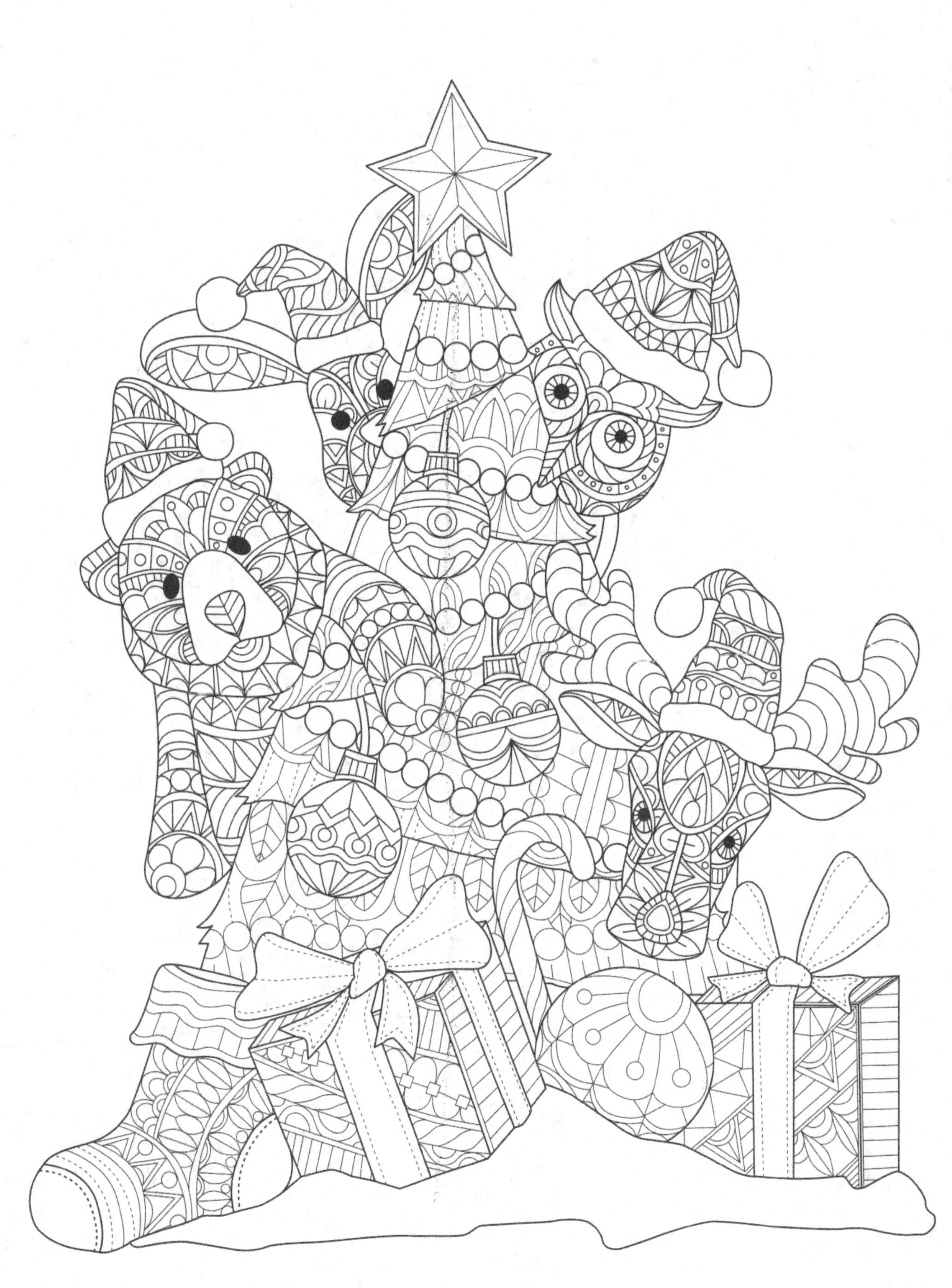

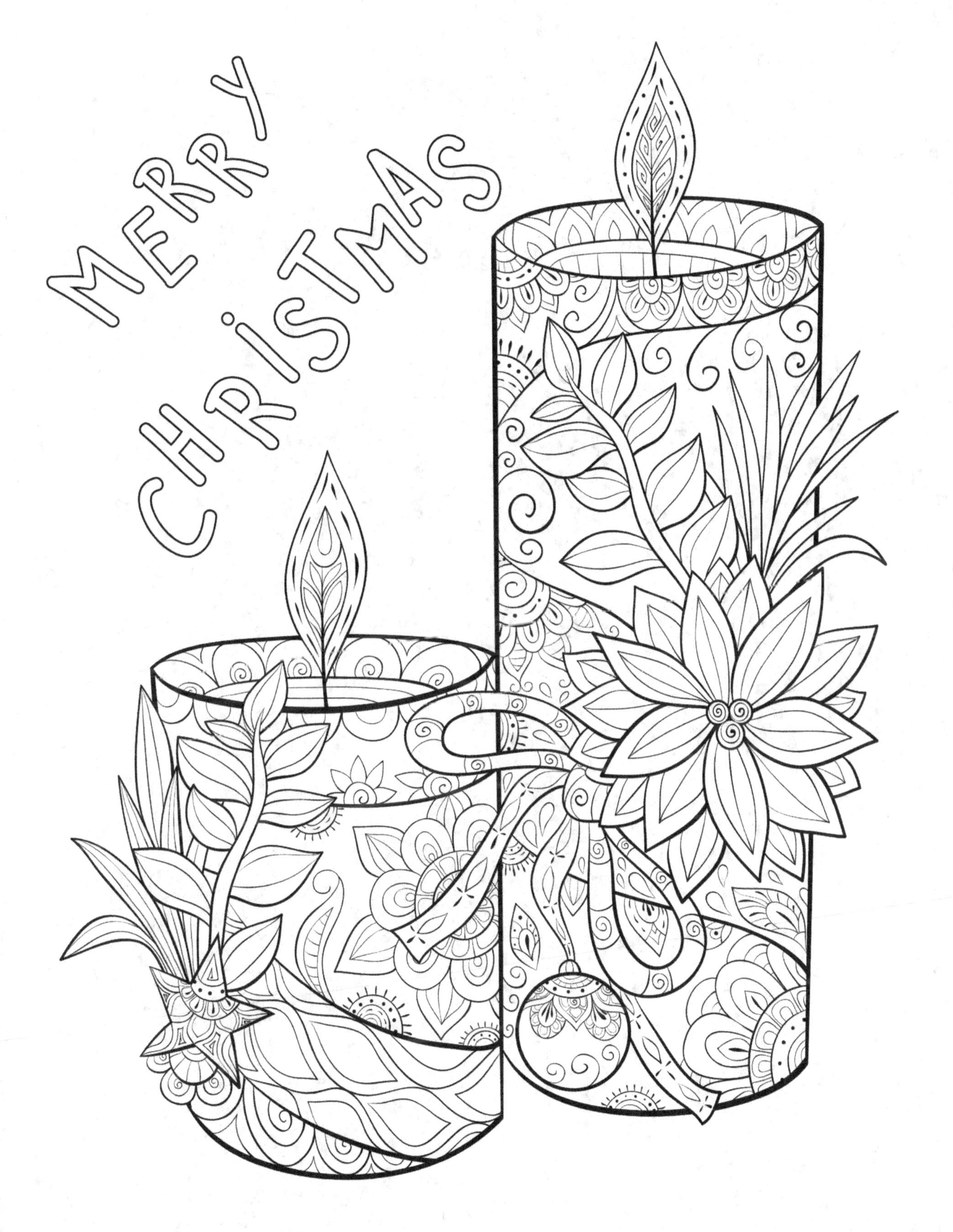

MERRY
CHRISTMAS

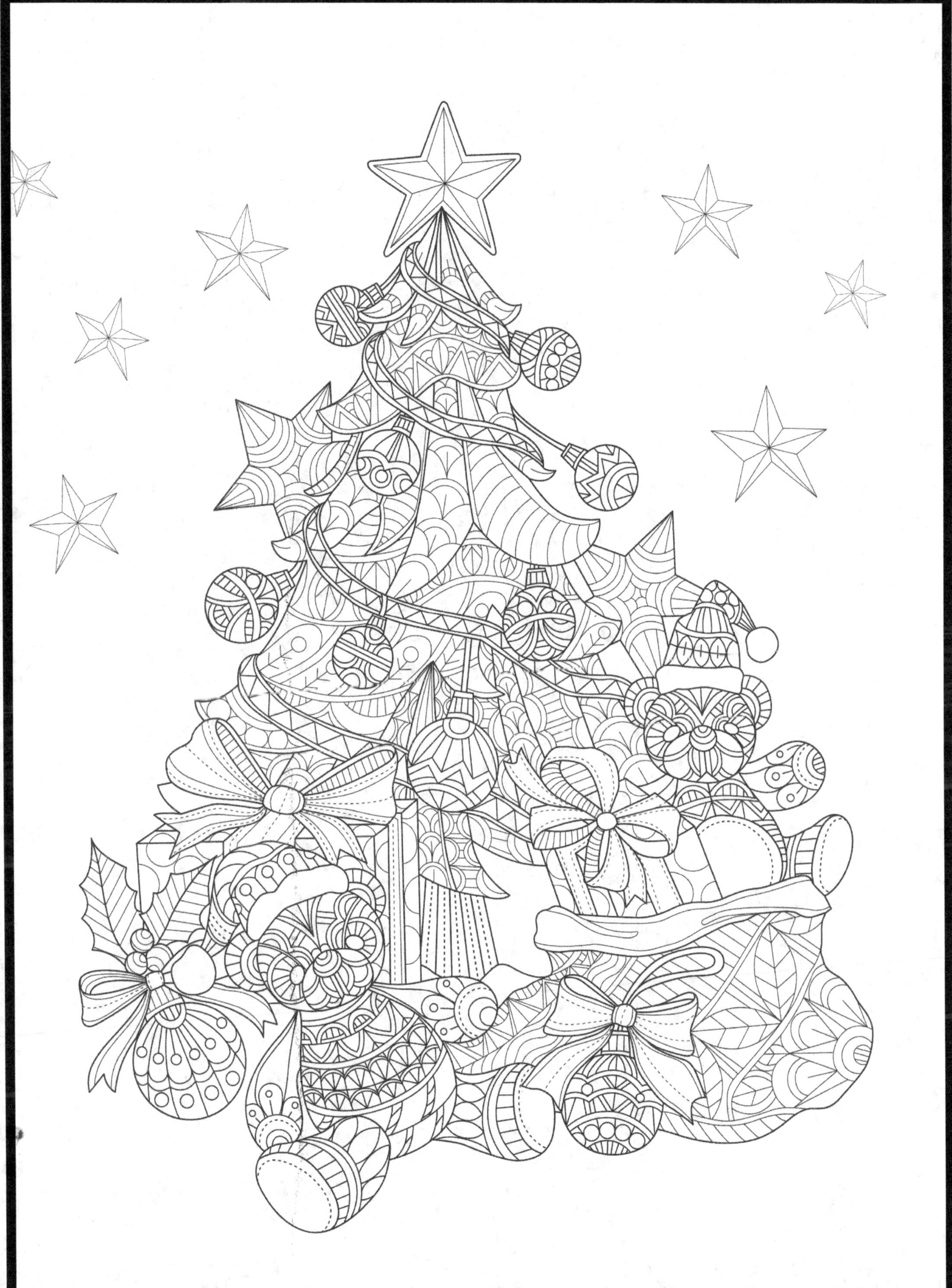

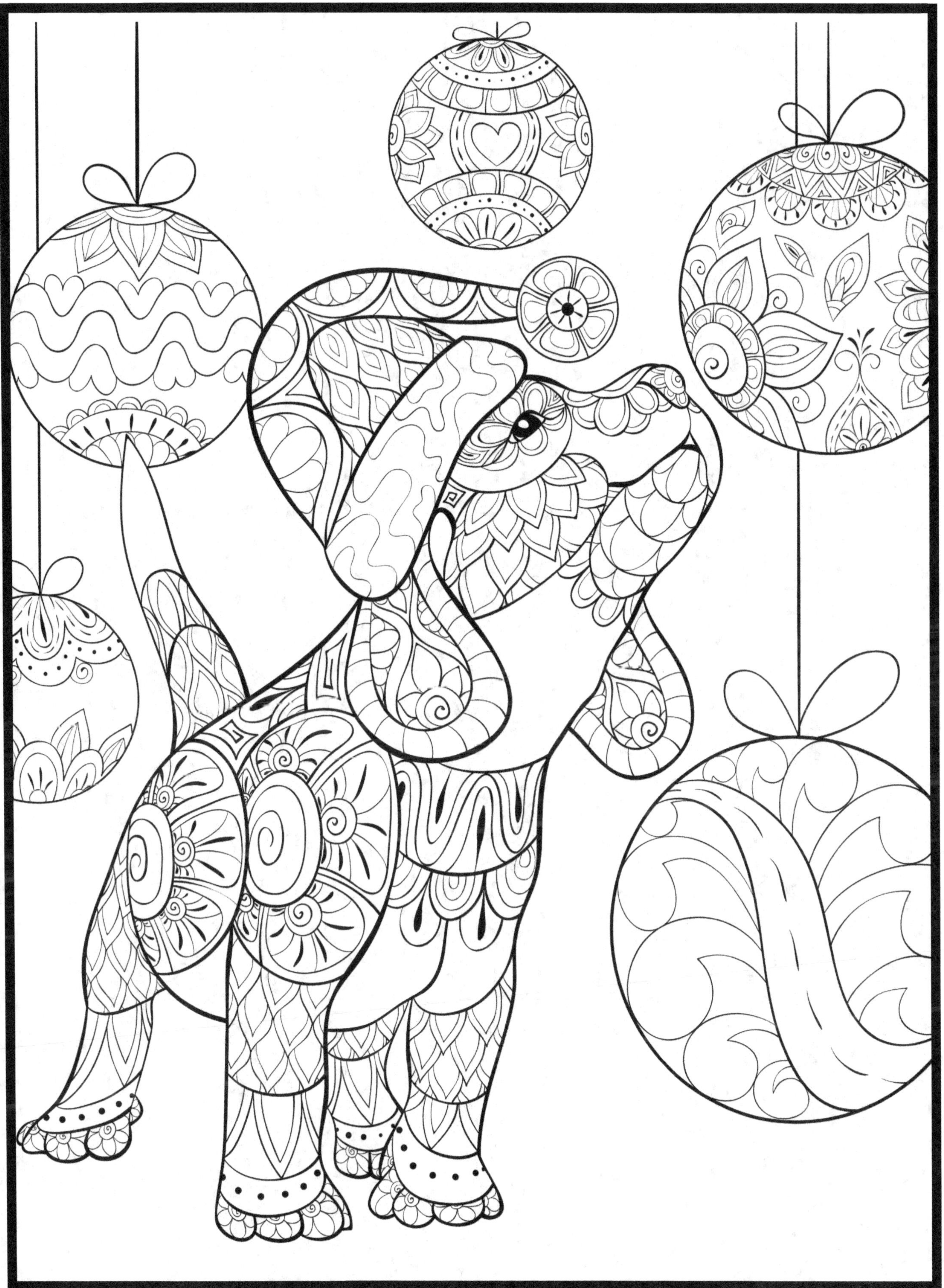

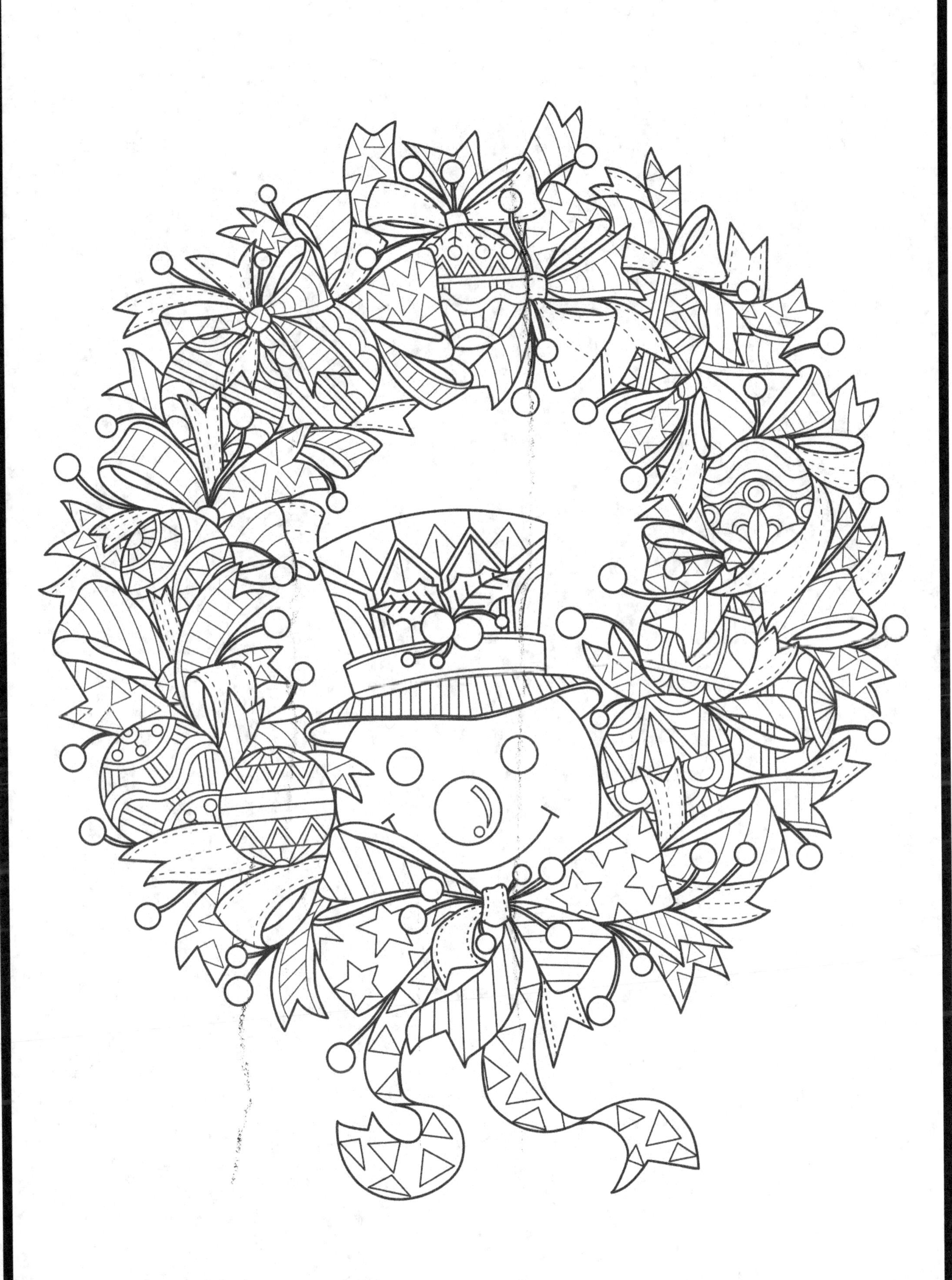

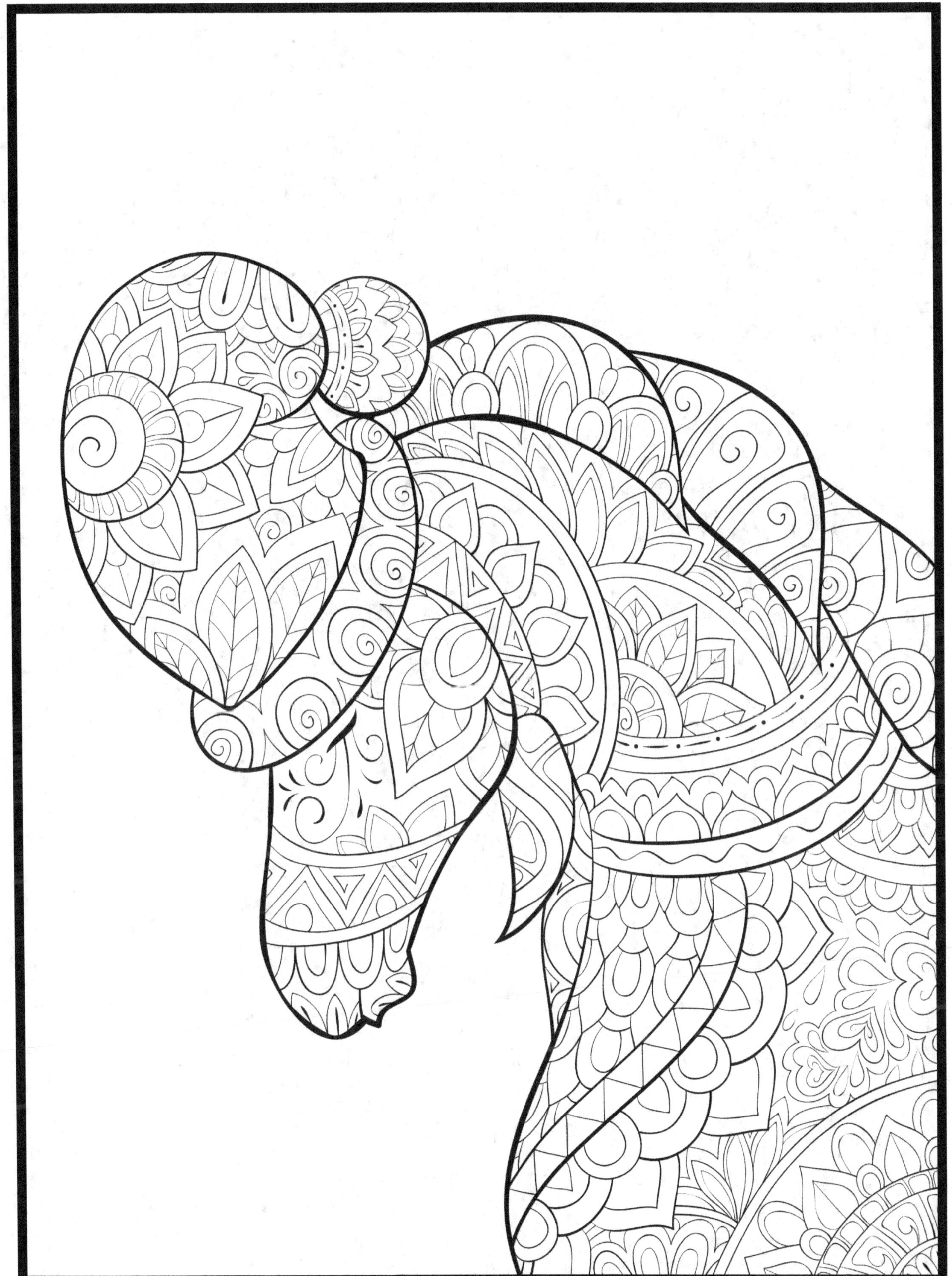

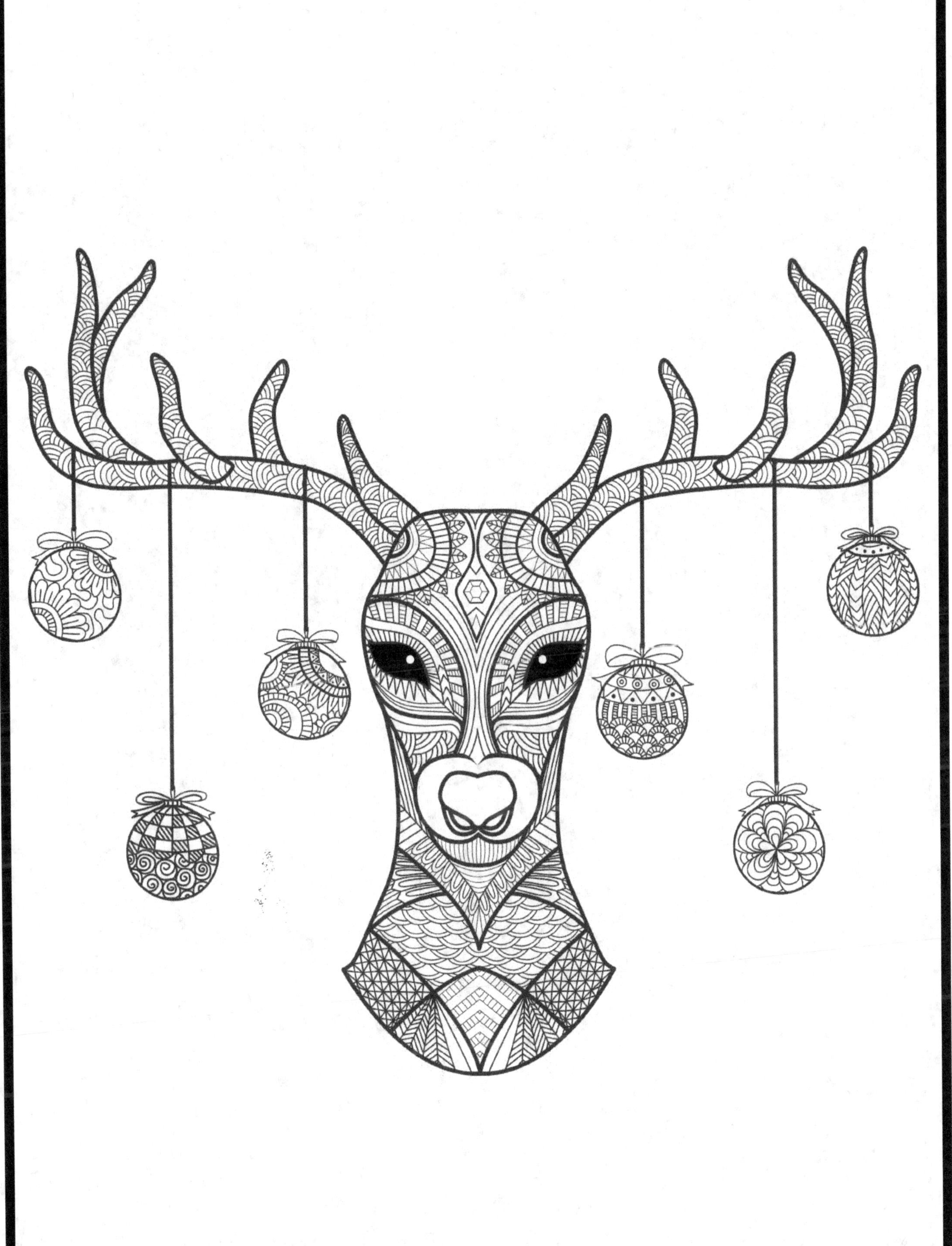

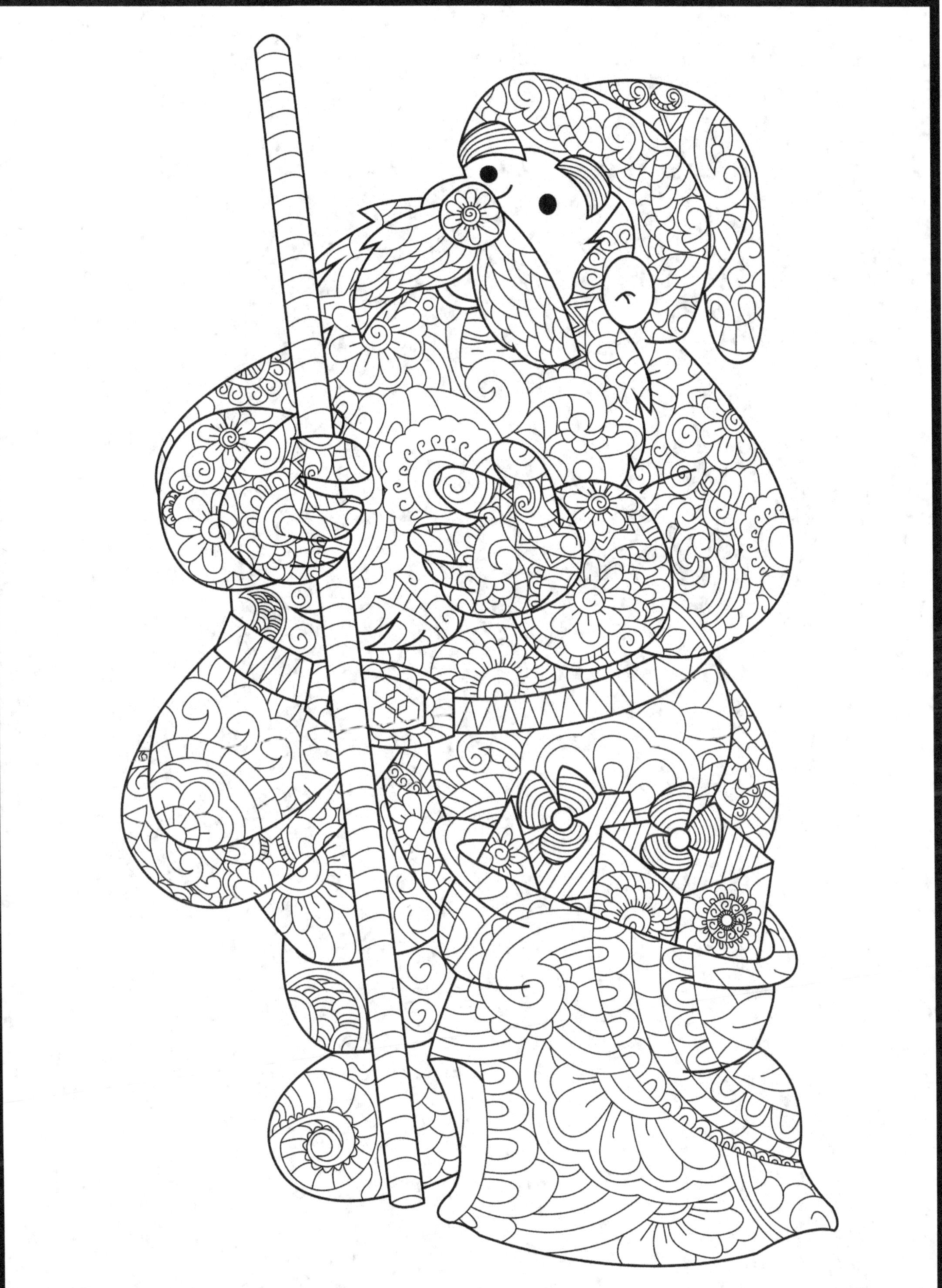

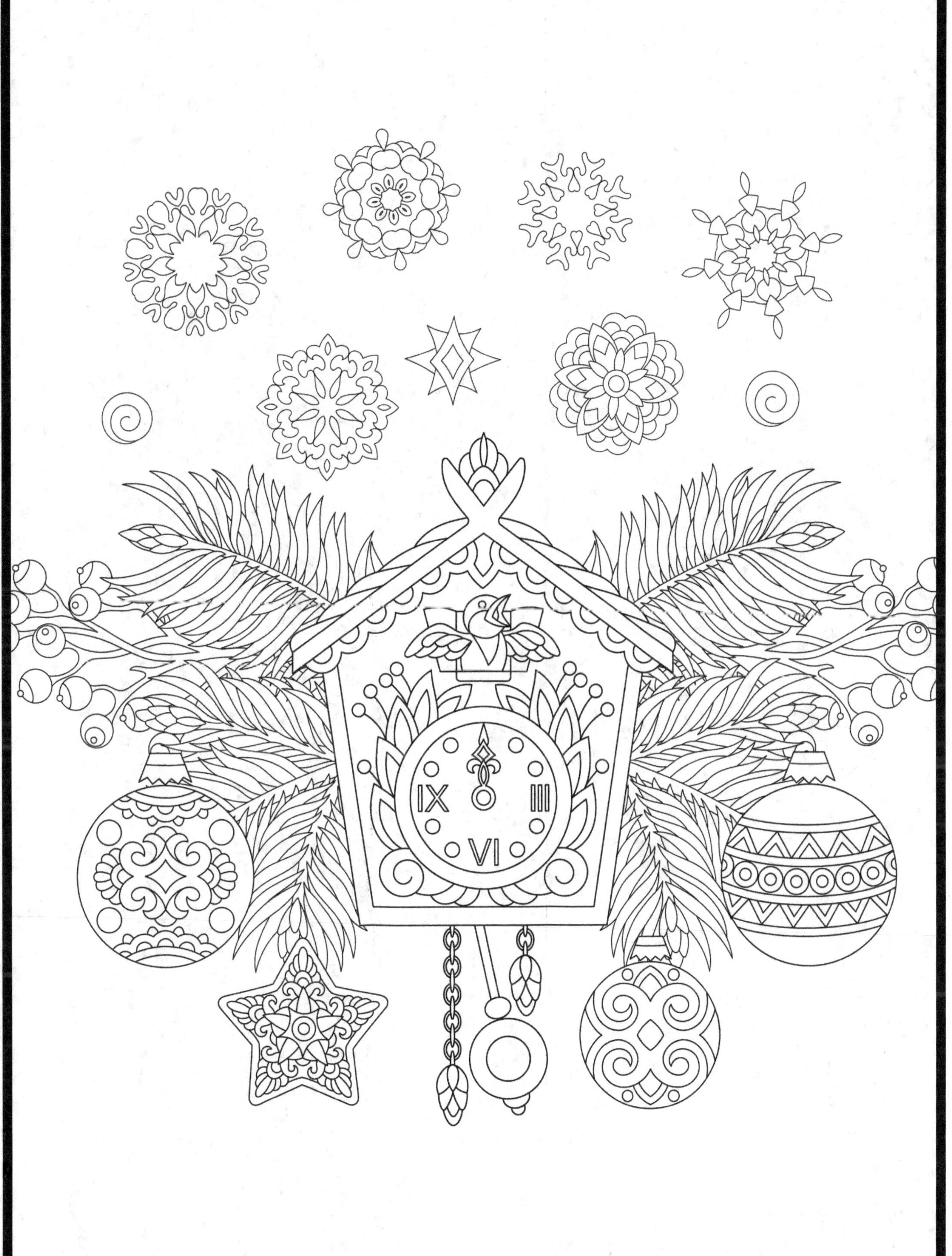

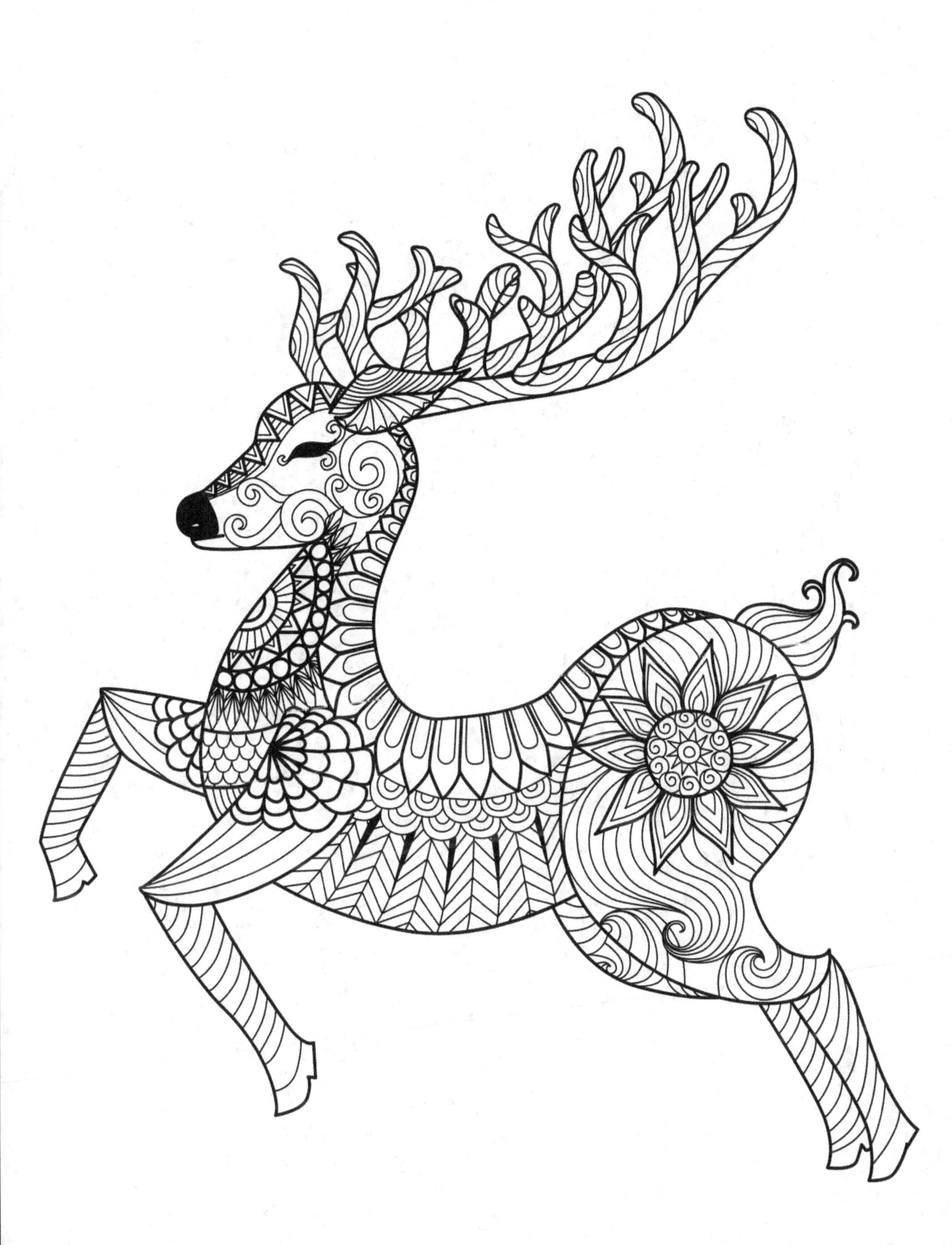

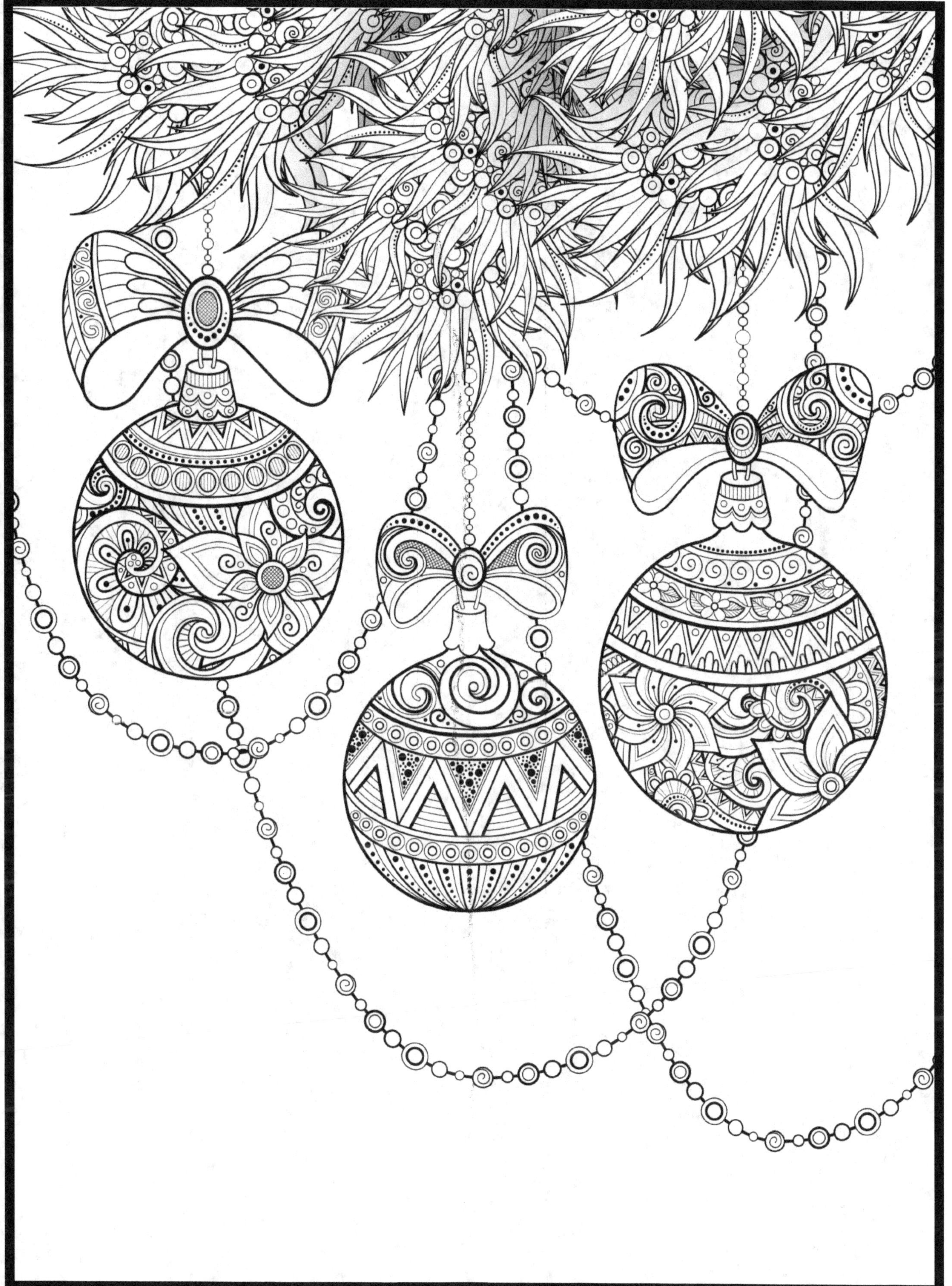

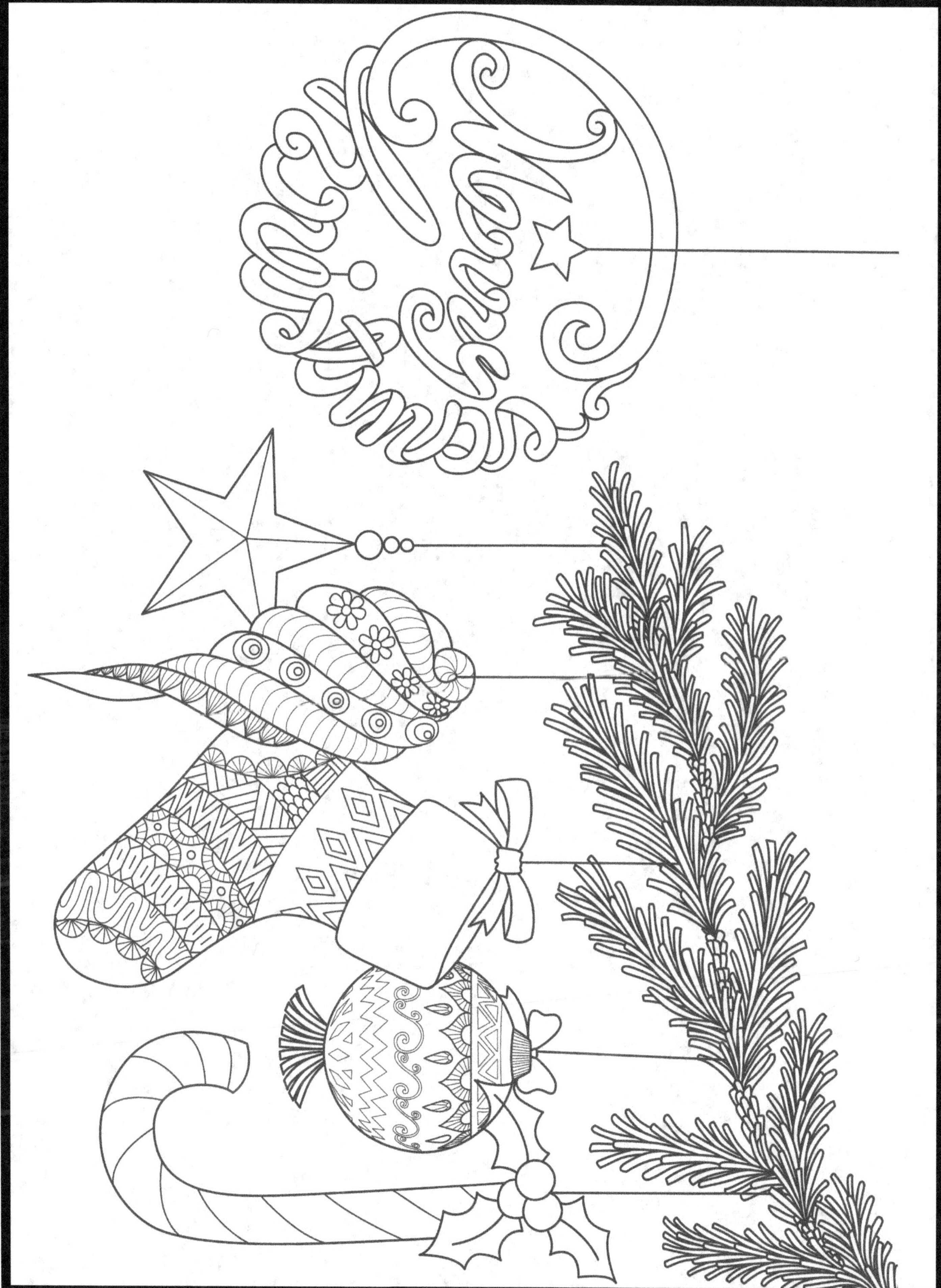

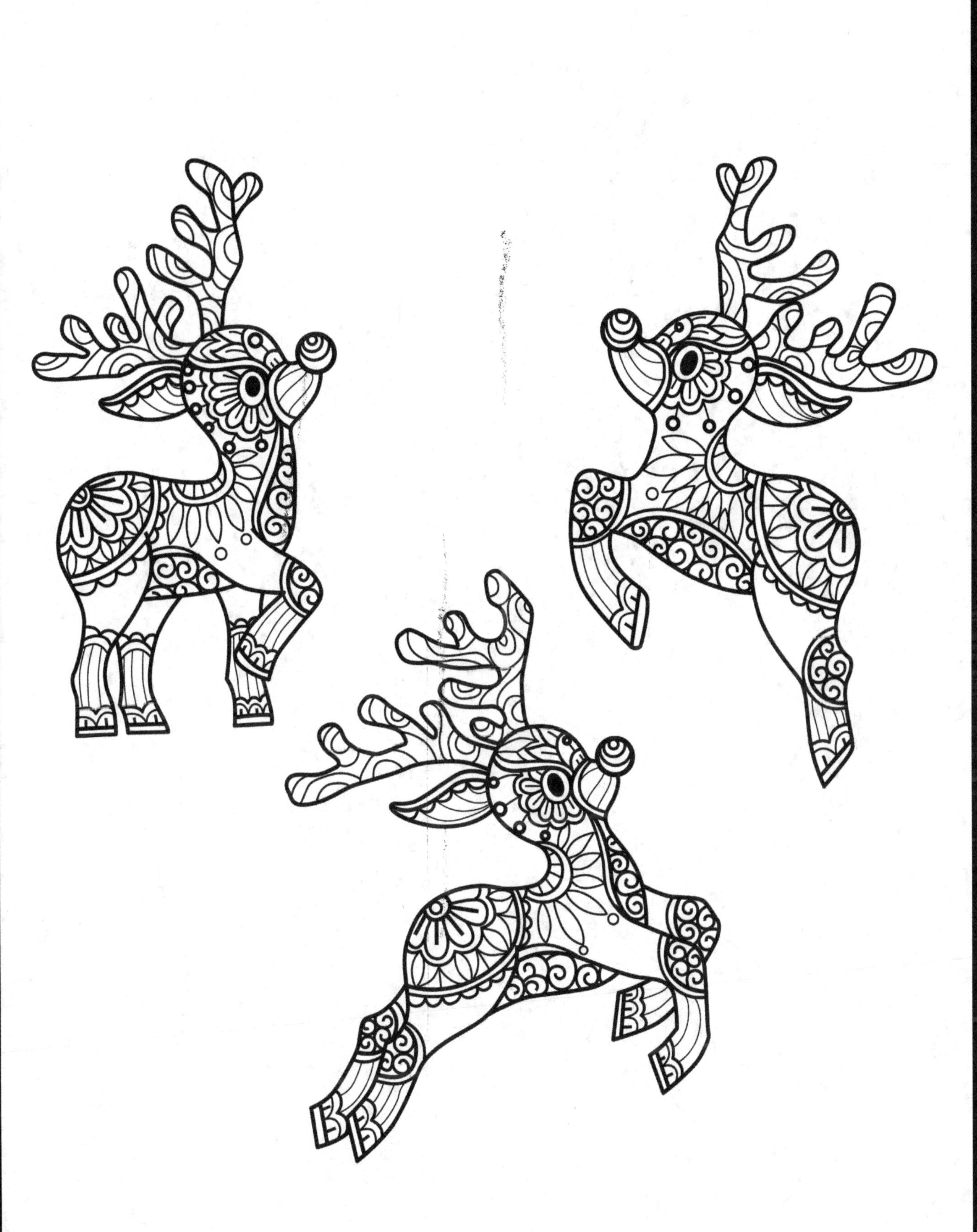

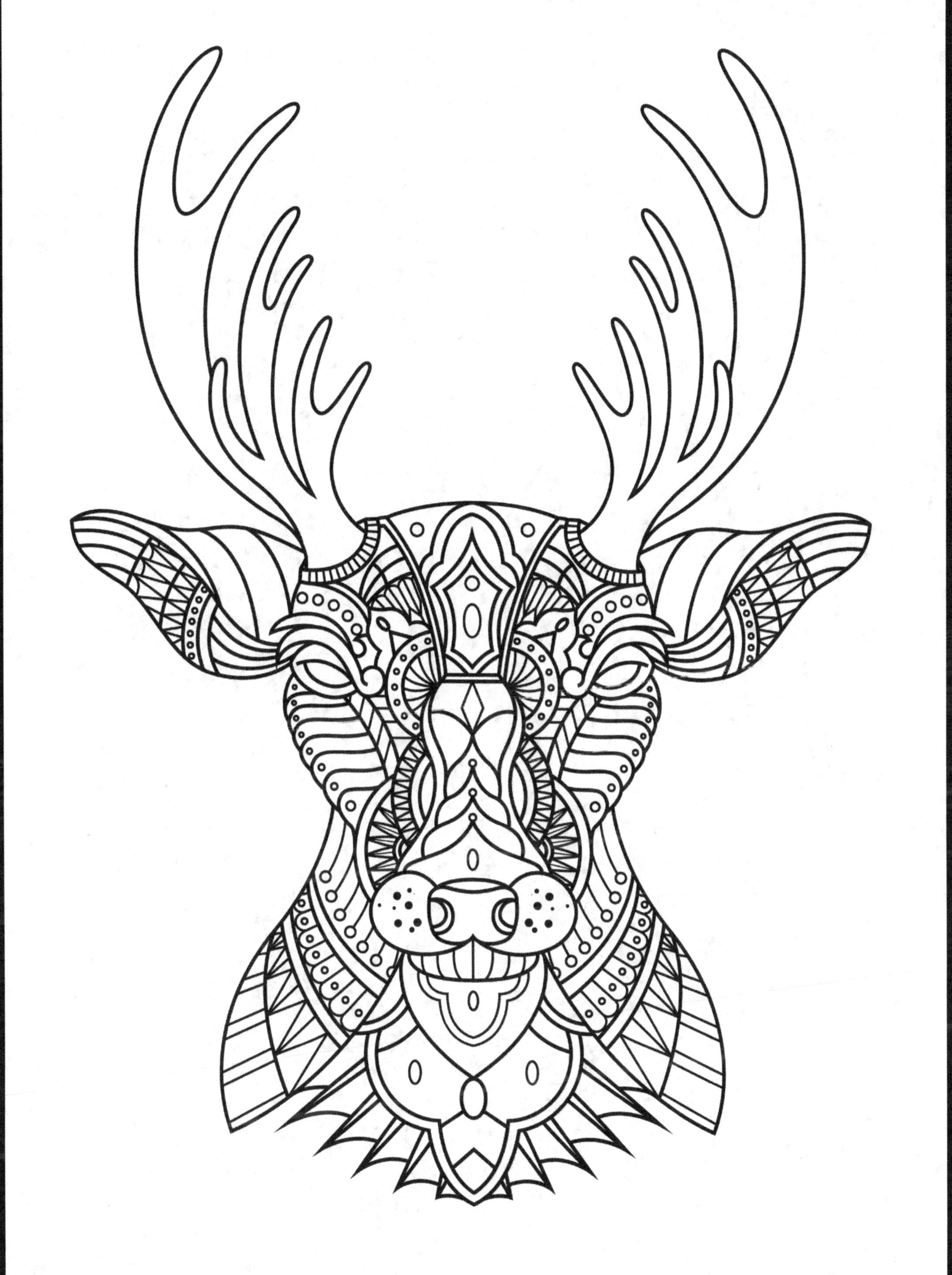

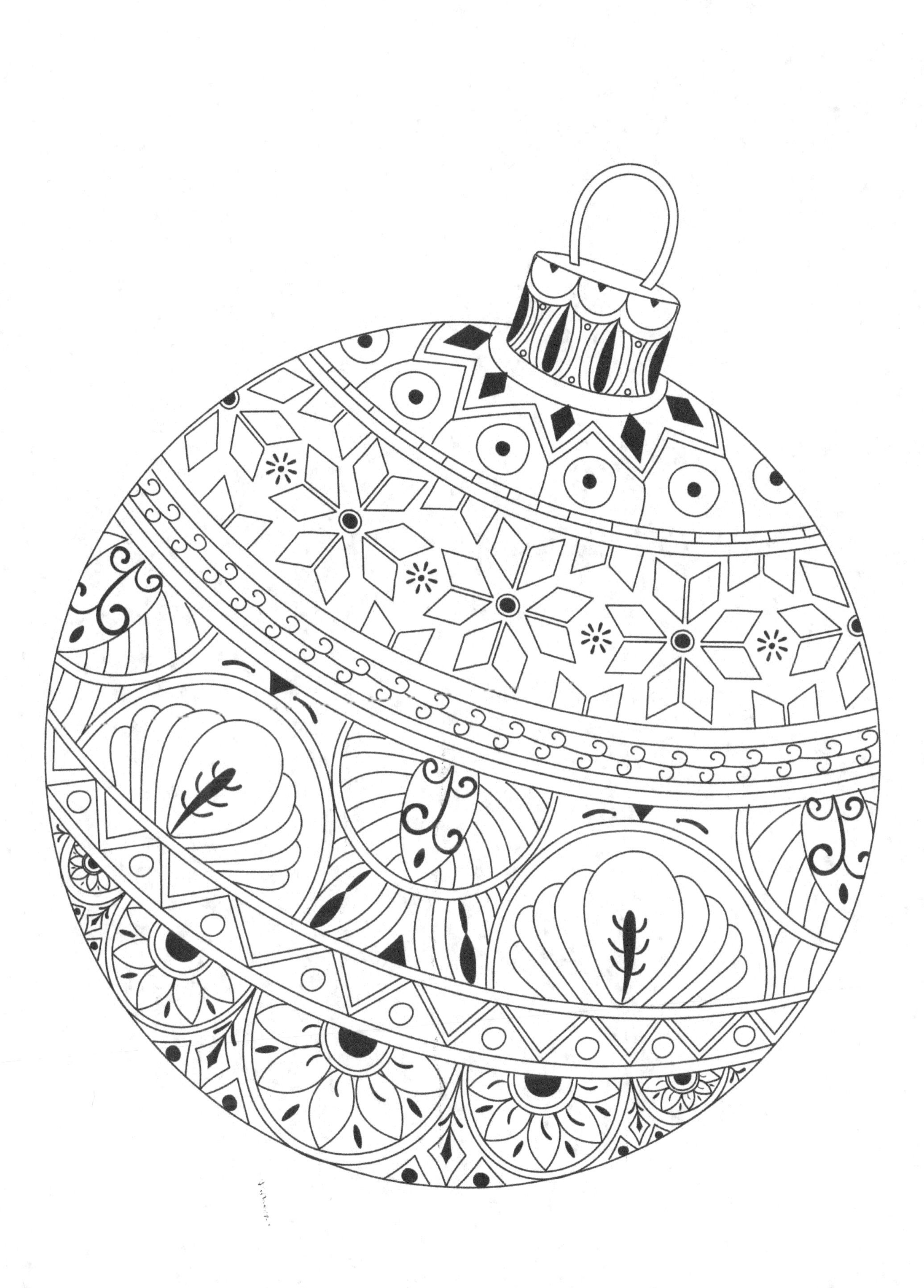

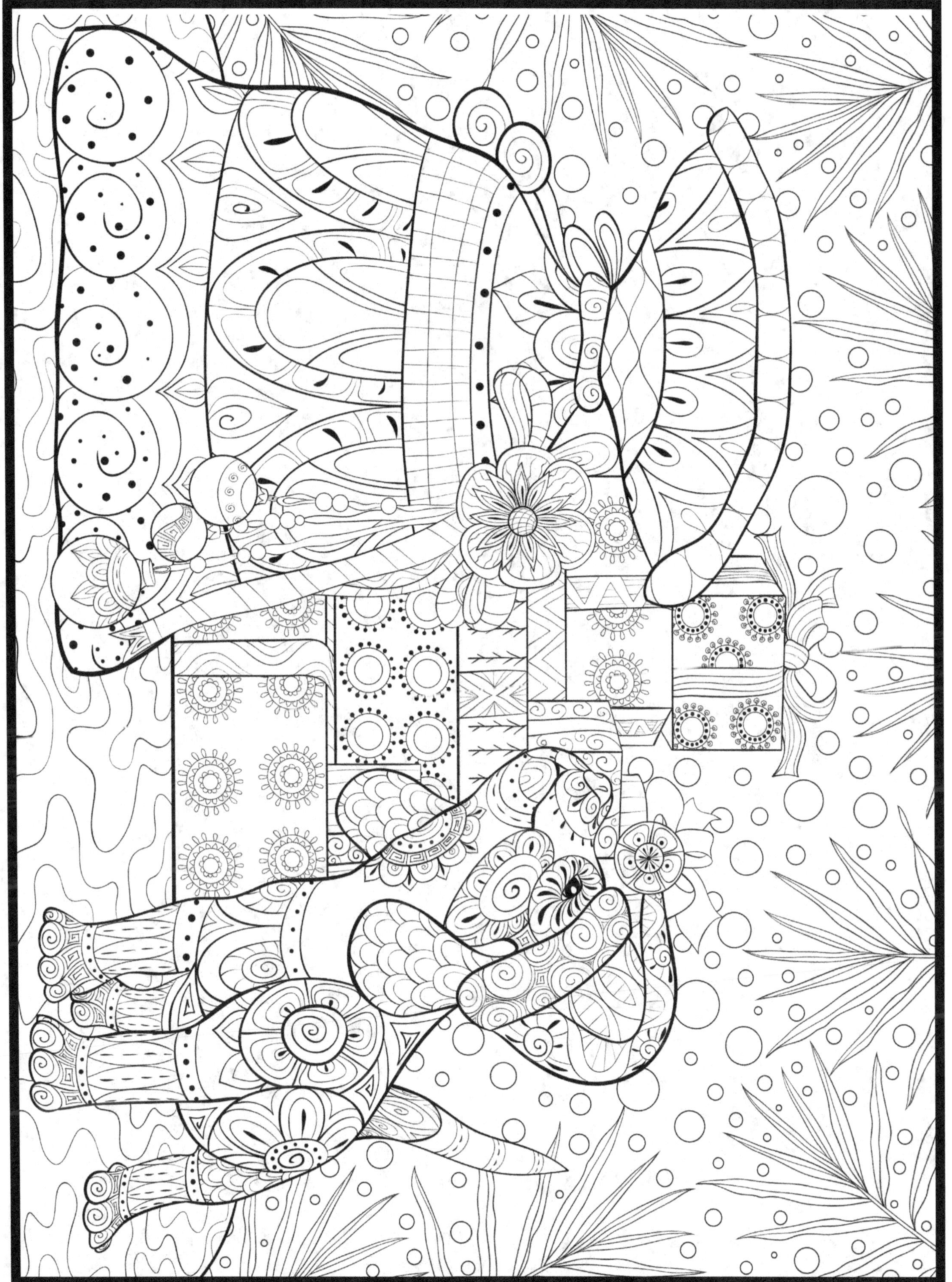

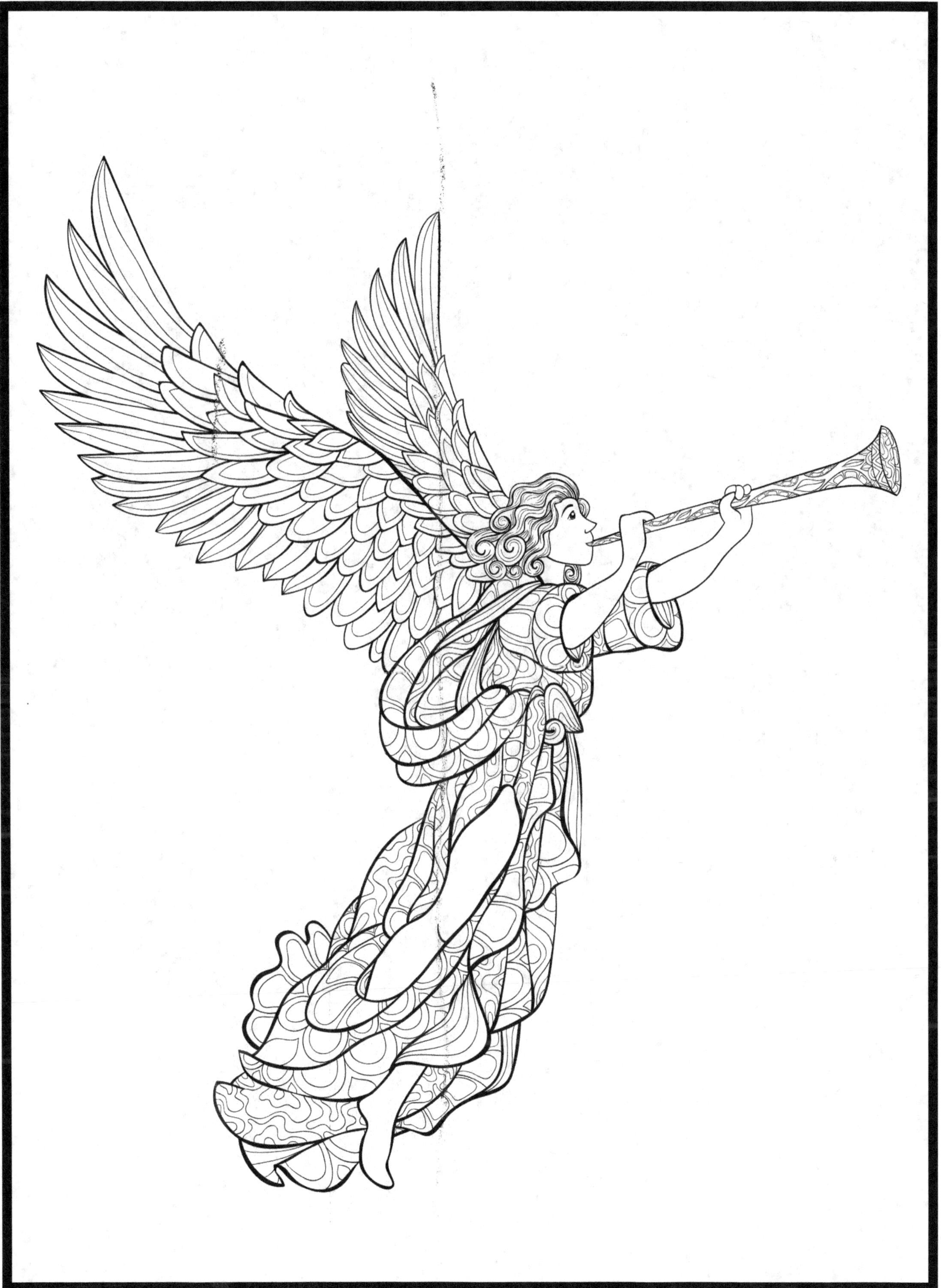

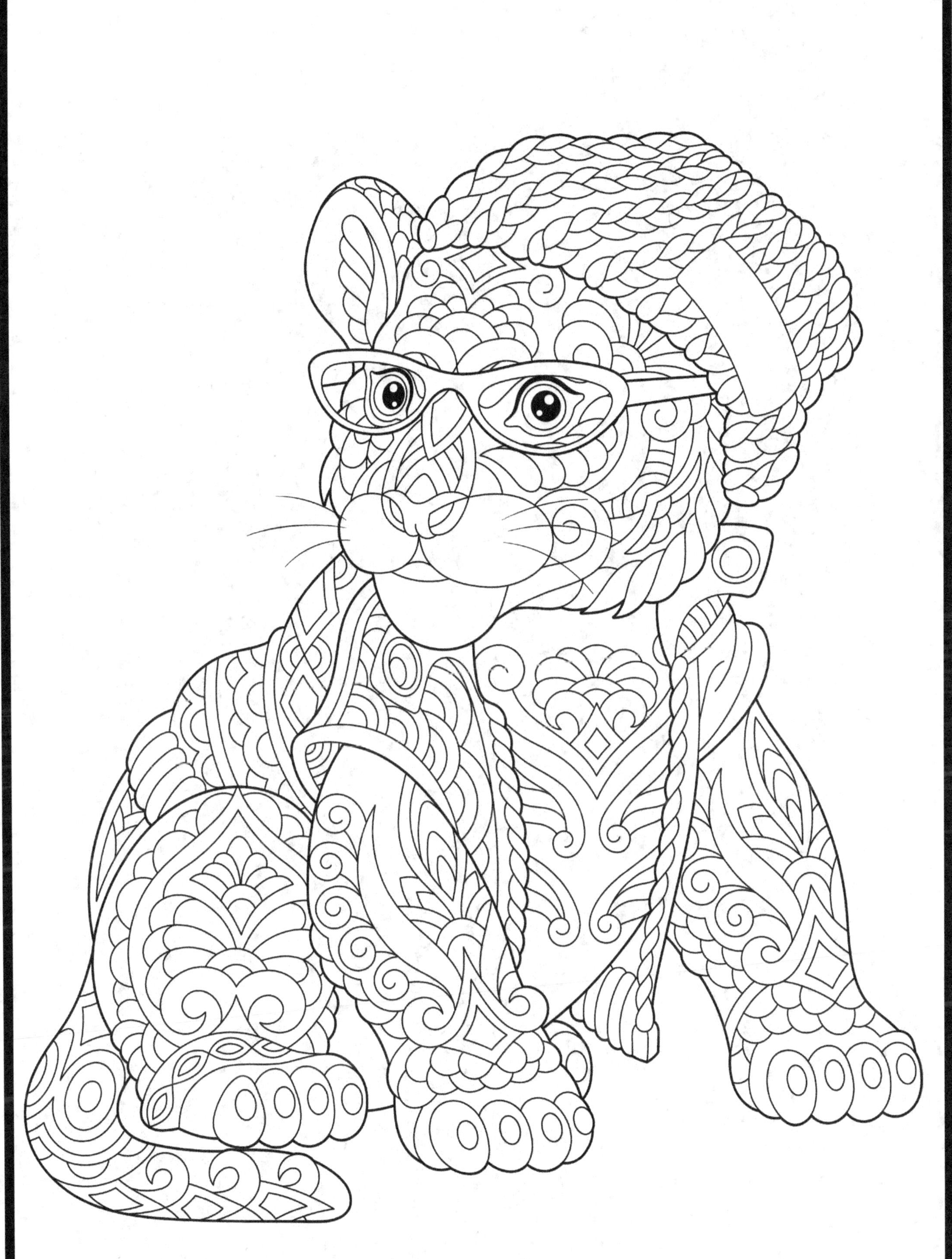

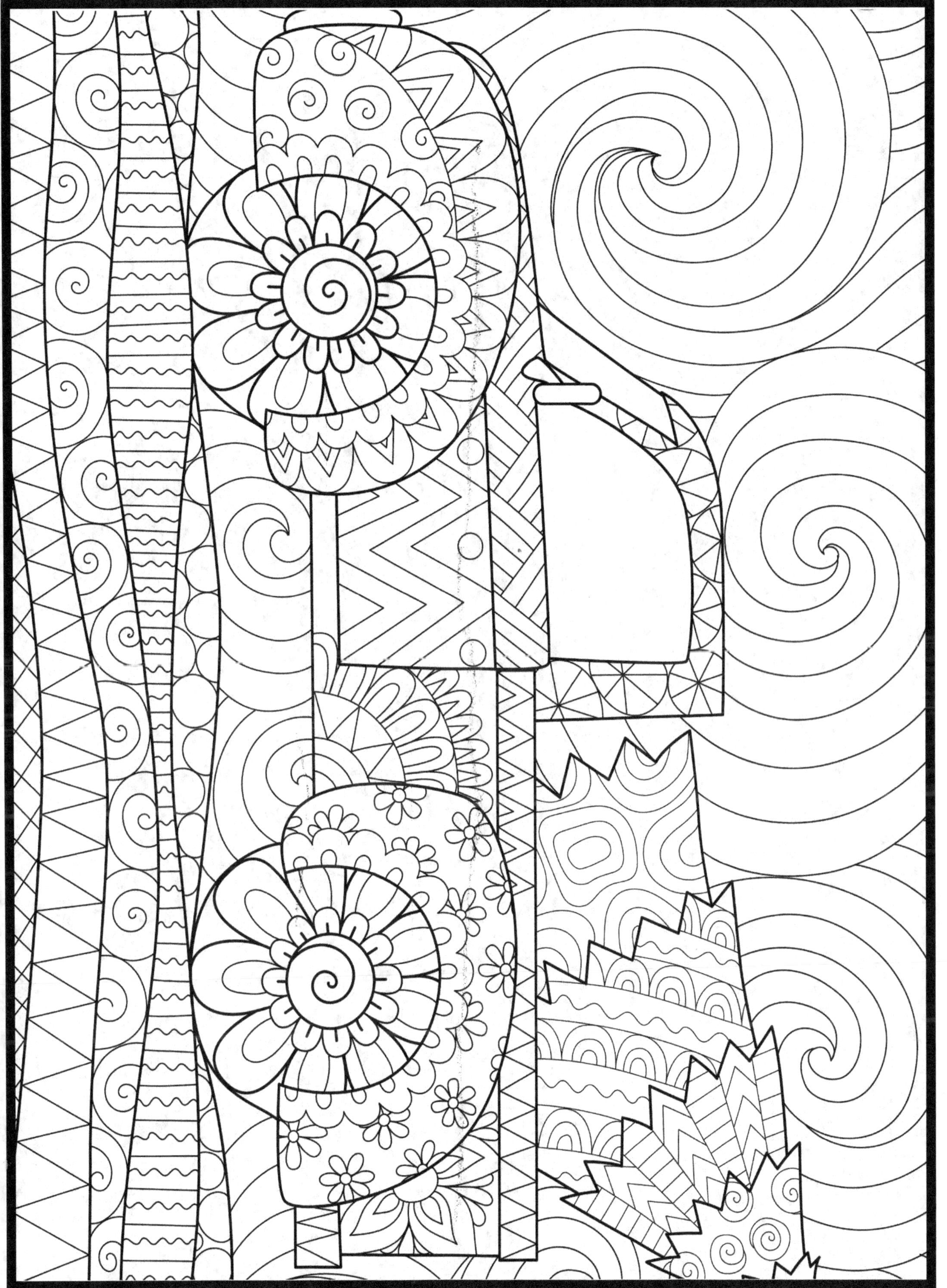

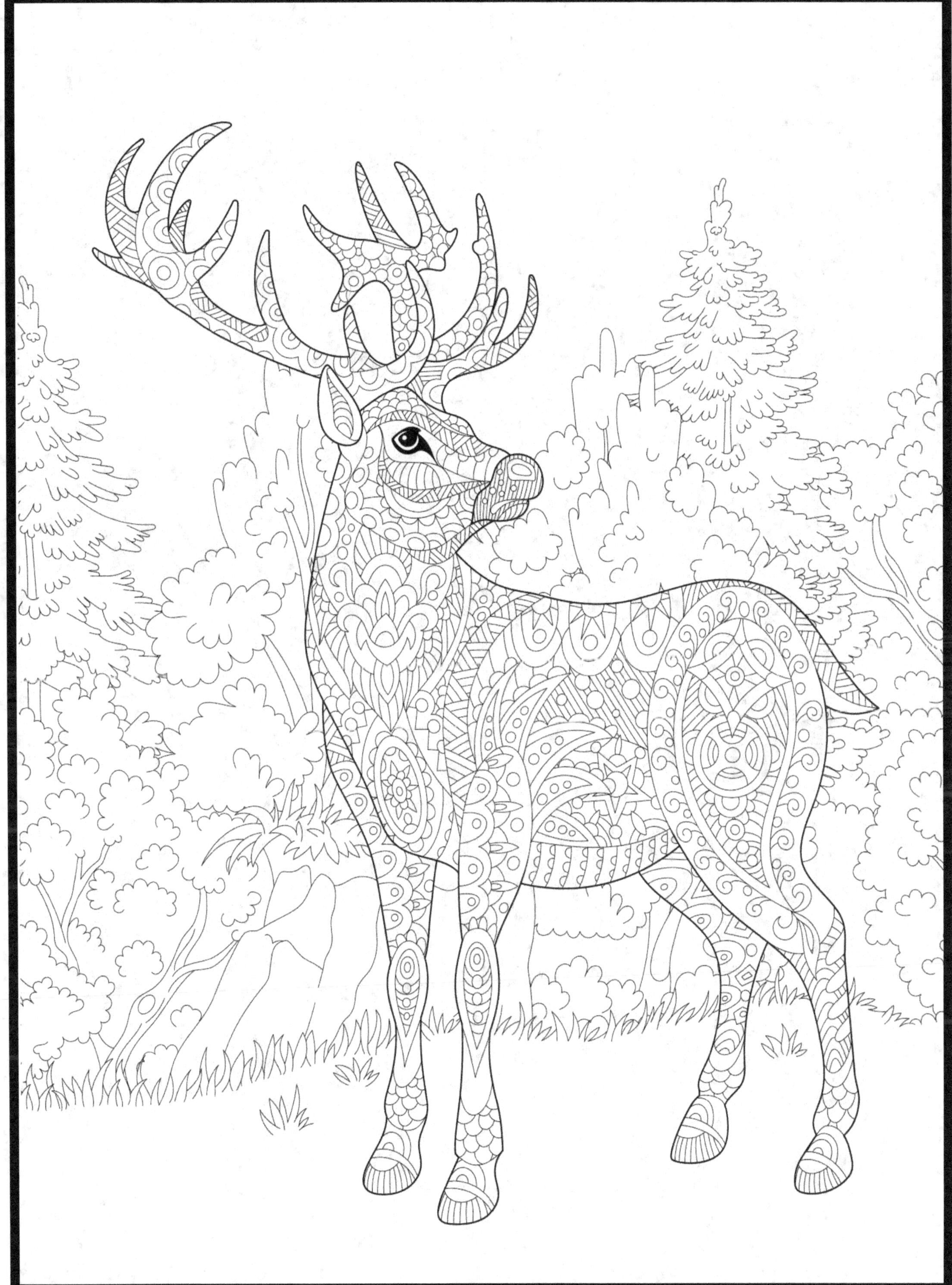

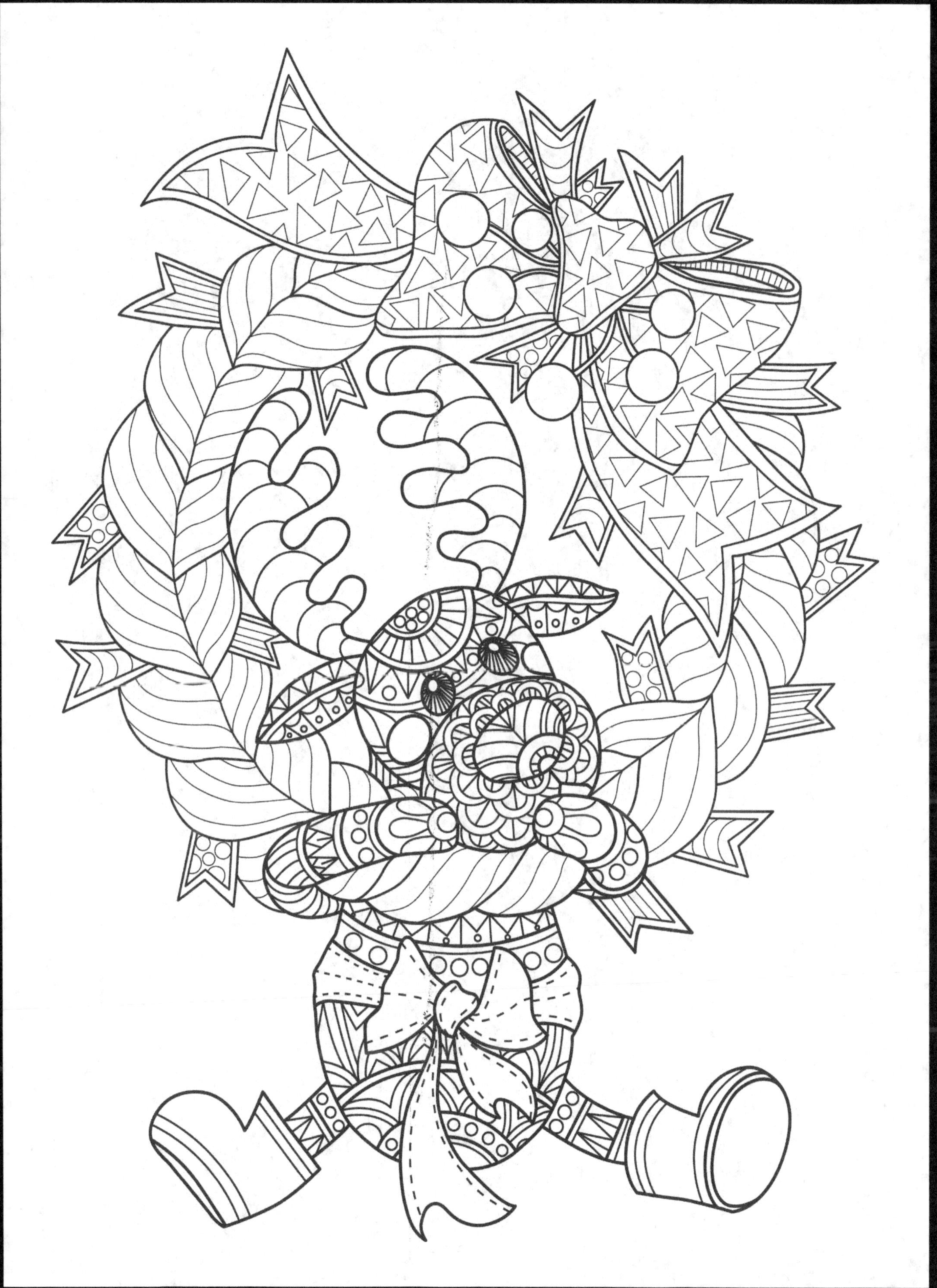

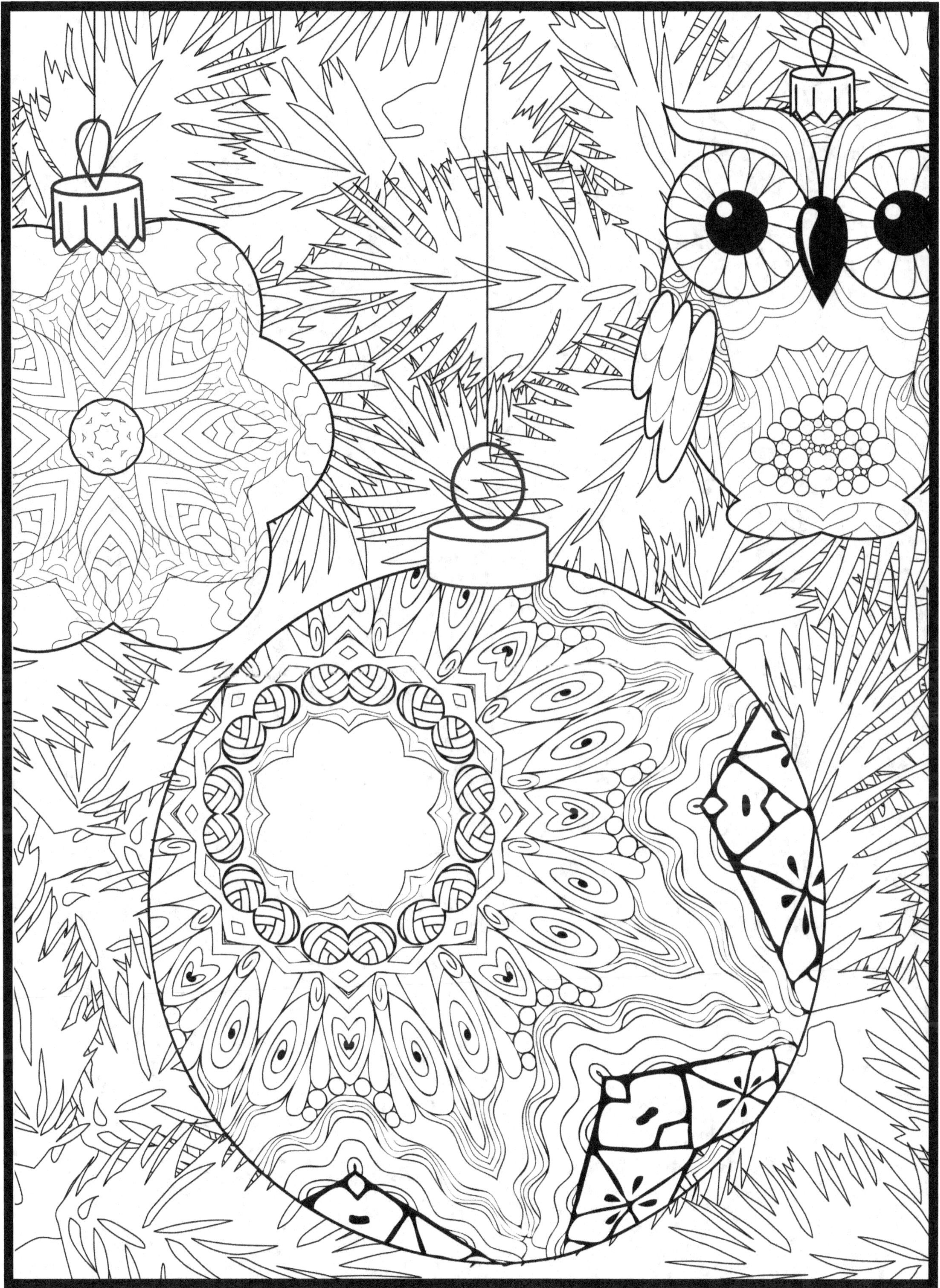

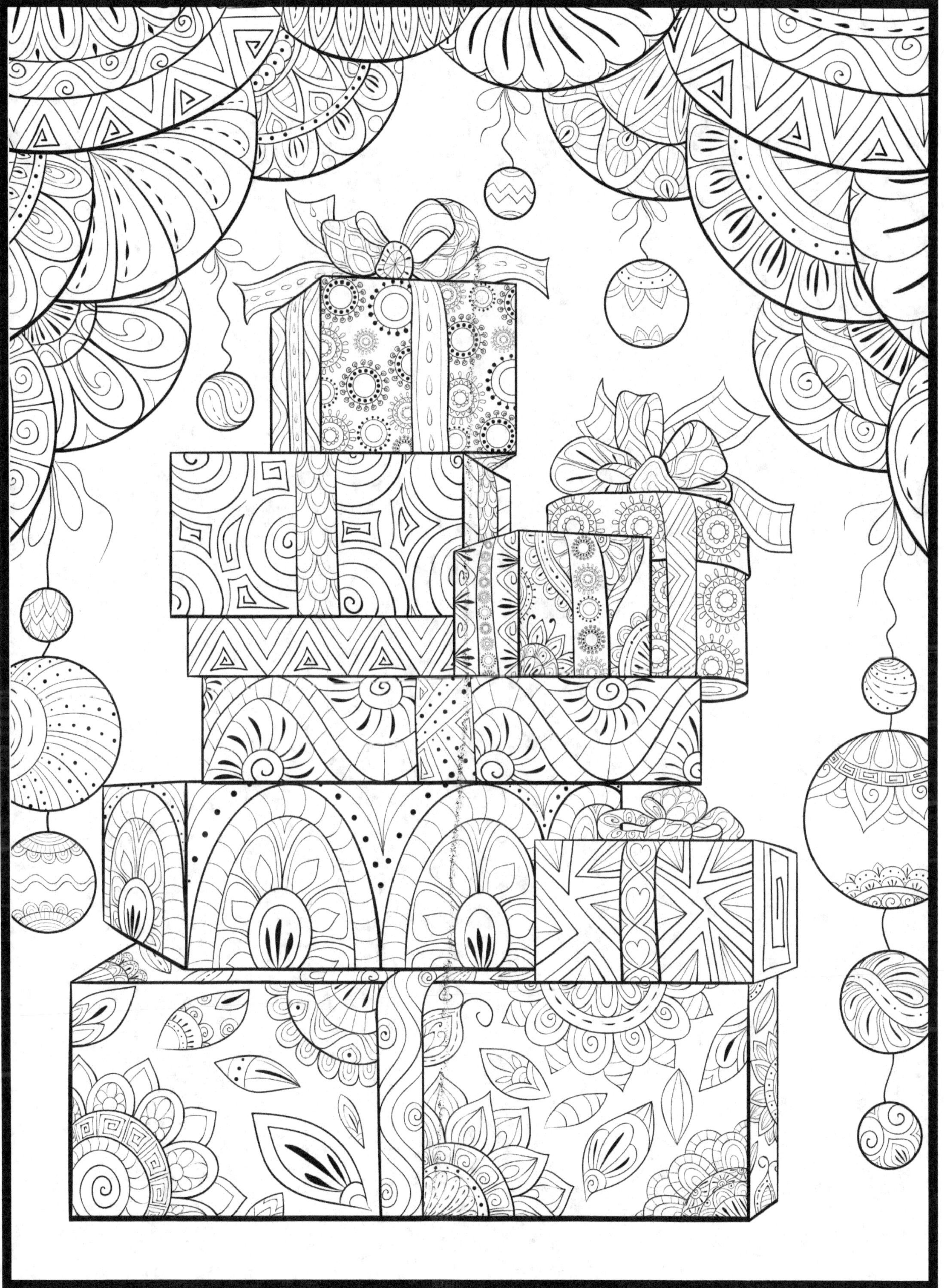

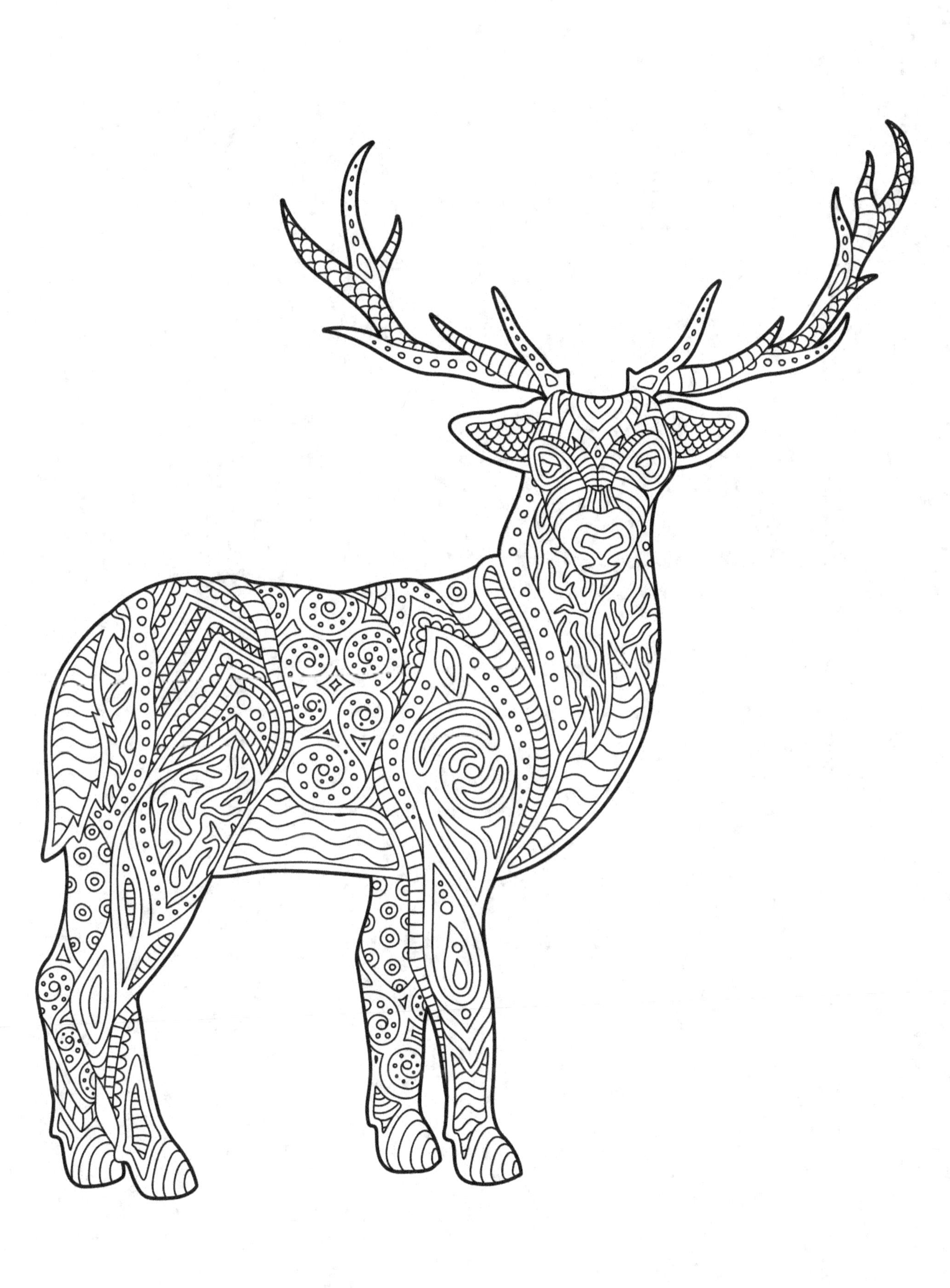

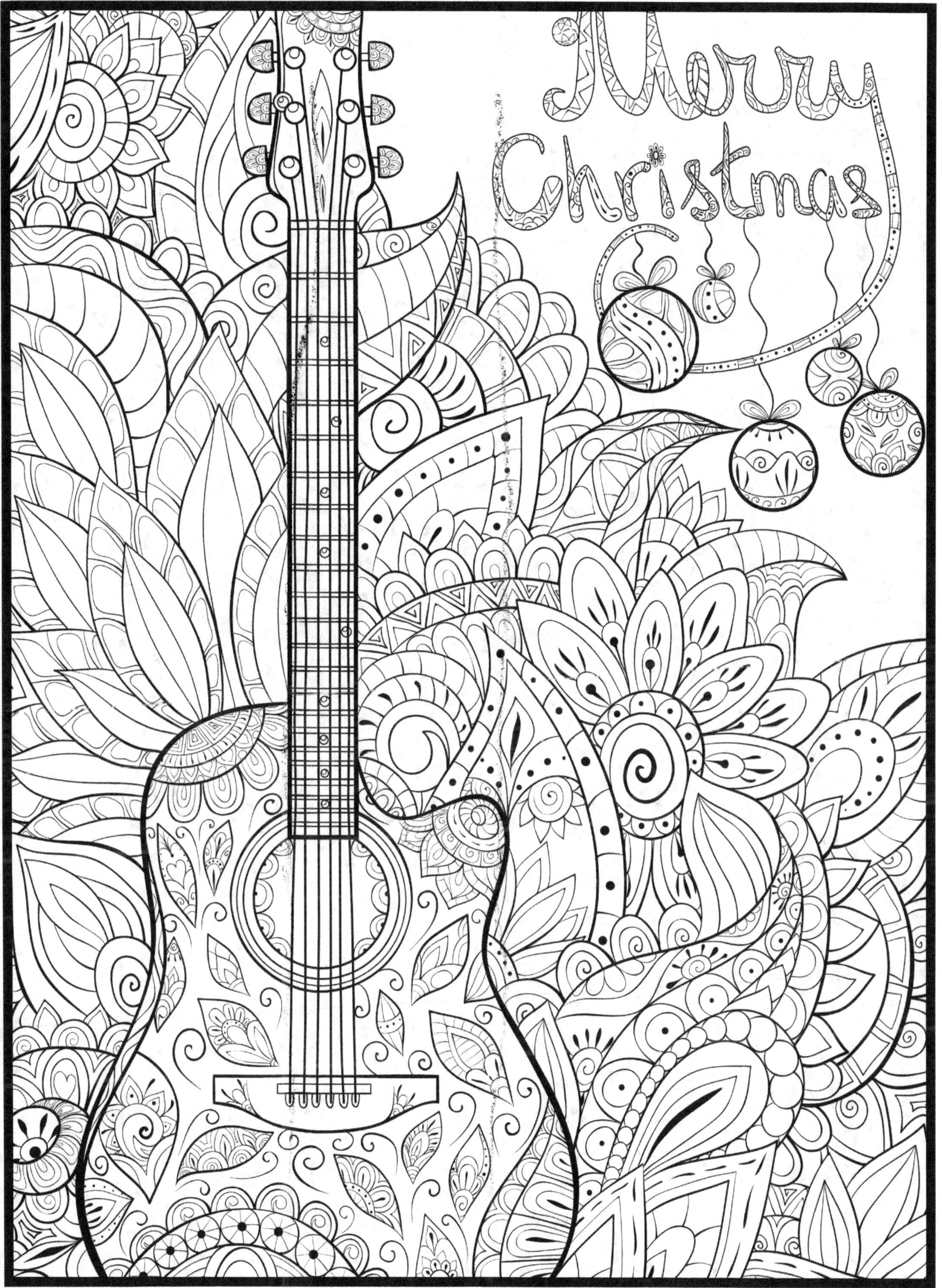
Merry
Christmas

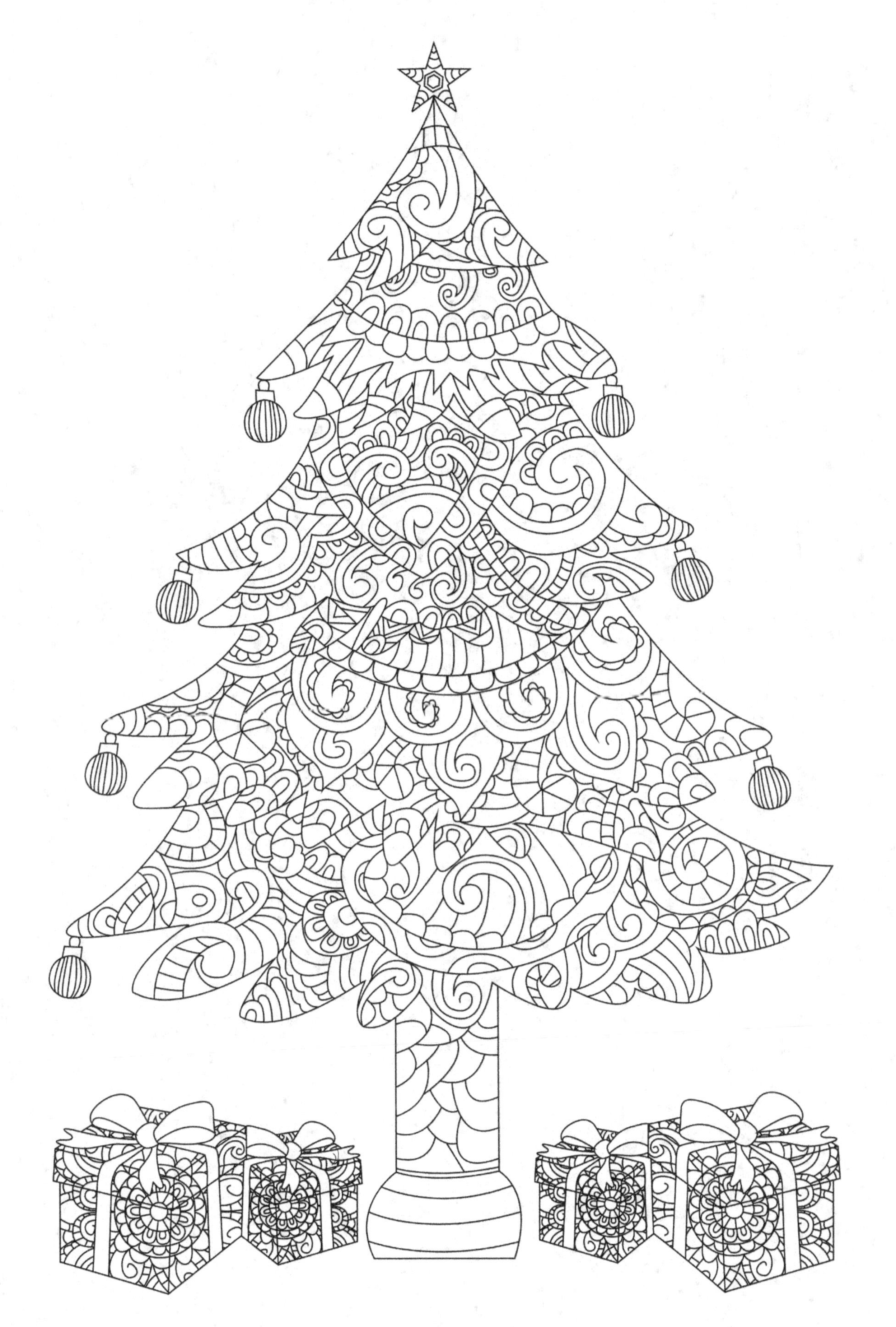

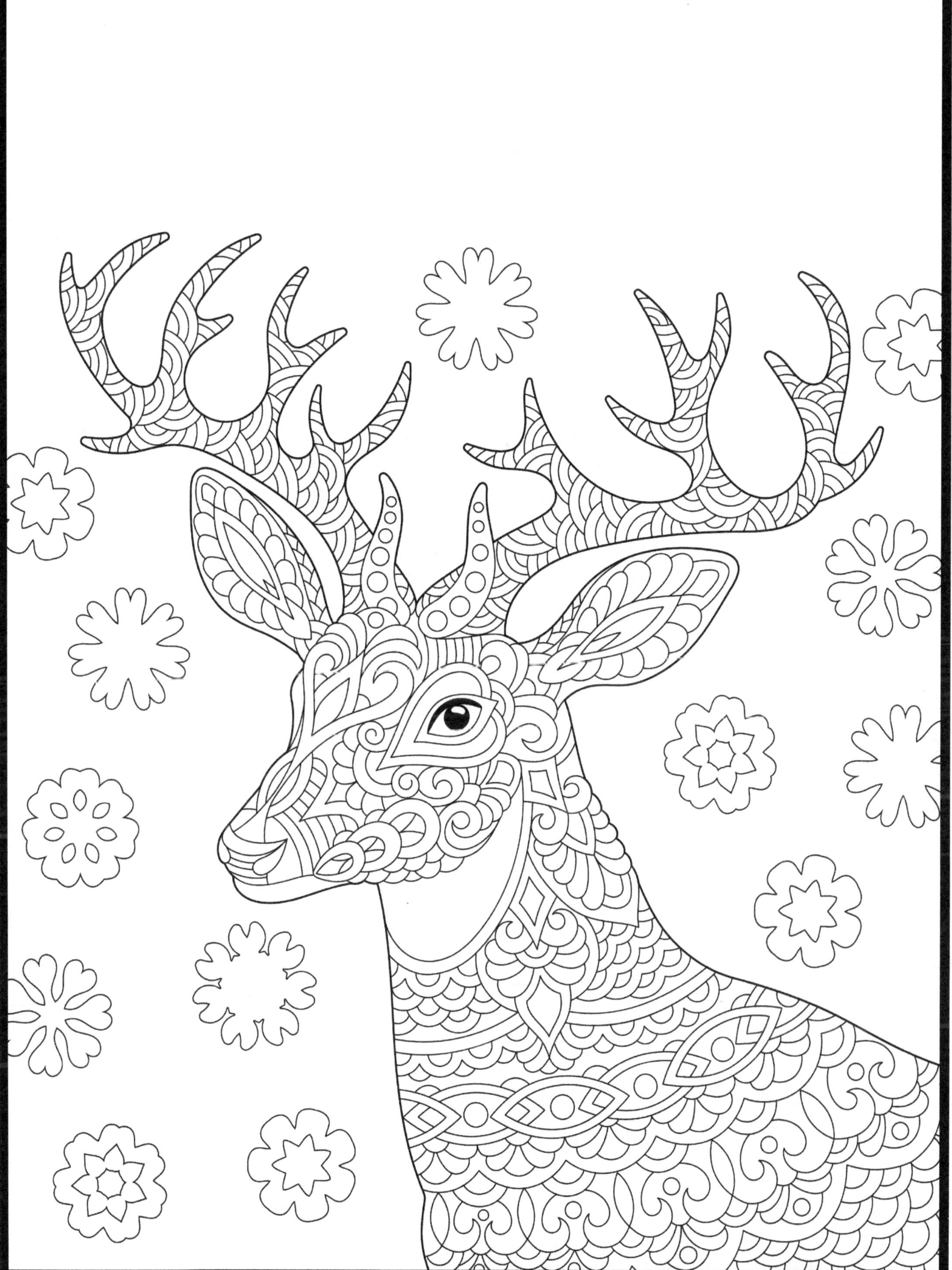